中学生の質問箱

禅ってなんだろう?

あなたと知りたい身心を調えるおしえ

石井清純

平凡社

私たちの生きる社会はとても複雑で、よくわからないことだらけです。困った問題もたくさん抱えています。普通に暮らすのもなかなかタイヘンです。なんかおかしい、と考える人も増えてきました。

そんな社会を生きるとき、必要なのは、「疑問に思うこと」、「知ること」、「考えること」ではないでしょうか。裸の王様を見て、最初に「おかしい」と言ったのは大人ではありませんでした。中学生のみなさんには、ふと感じる素朴な疑問を大切にしてほしい。そうすれば、社会の見え方がちがってくるかもしれません。

中学生の質問箱

禅ってなんだろう？
あなたと知りたい身心を調えるおしえ

もくじ

はじめに

「禅」というと、みなさんはなにを思い浮かべますか？

ほとんどの方は、最初に「坐禅《ざぜん》」を思い浮かべるのではないでしょうか。足を組んで、背筋を伸ばしてじっと坐《すわ》る。ちょっとでも動くと、パシッと棒で打たれる。そのような修行のイメージです。

ちなみに、肩を打つ棒は、正式には「警策《きょうさく》（もしくは「けいさく」）」という名前です。それで打つのは動いた「罰《ばつ》」ではなくて、心や体がどうしても落ち着かないときに使うもの。たとえば、どうしても眠くなってしまうときなどの「励まし」なのです。私も眠くなったときは、いつも入れてもらいます。坐禅中に合掌すれば、警策を入れる係の人（曹洞宗《そうとうしゅう》〔禅宗の一派〕では直堂《じきどう》といいます）が、右肩に一度、入れてくれるのです。さほど痛くありません。そのほどよい刺激で、まさしく「目がさえる」。すがすがしい気持ちになります。

といっても、やはり足は痺《しび》れますし、普段の生活にはない時間を過ごすことは間違いありません。そして、その坐禅を中心とした厳しい修行。テレビ番組で永平寺《えいへいじ》や円覚寺《えんがくじ》などのストイックな風景も紹介されています。

ただ、禅はそれだけではありません。たとえば、「とんちの一休《いっきゅう》さん」。テレビアニメにもなりましたが、これもまた禅を題材にしたものです。元ネタとなっているのは、江戸時代に書かれた『一休咄《いっきゅうばなし》』で、史実ではありませんが、それらはみな禅問答《ぜんもんどう》の発想にもとづいています。もちろん、一休さんは実在の人物です。室町時代、大徳寺《だいとくじ》という京都にある大きな禅寺の住職《じゅうしょく》になった一休宗純《そうじゅん》という方です。いくつもの逸話をもっていて、それが誇張《こちょう》されて「とんち話」になっていったのですね。

落語にも「こんにゃく問答」という禅問答を題材にした咄が伝わっています。永平寺の修行僧とコンニャク屋の親父が交わす、まったく嚙み合っていない問答が、おもしろおかしく語られます。じつは、この咄の作者は禅僧だったといわれていて、内容的にもよくできたものとなっています。

禅問答は、師匠《ししょう》と弟子《でし》との「教育的対話」の記録です。もちろん、本当の禅問答はそんな滑稽《こっけい》なものではなく、答えの出ない難問ばかりです。臨済宗《りんざいしゅう》（禅宗の一派）では、そのひとつひとつを課題（公案《こうあん》）として修行中に考え続けます。理屈では成り立たないことに修行の中で向き合って、「本質とは何か」を見定めていく。ひとつの公案を通過するのに五年も六年もかかるとのこと。このような禅問答も、禅の特徴といえます。

一方で、文芸作品や演芸の題材となって、一般の人びとの笑いを誘うような用い方もされる、そのような社会的な一面をもっているのも禅なのです。鎌倉時代に興《おこ》った「禅文化」、寺院建築や庭園、そして茶の湯などが、禅の影響を受けたものとしてよく知られています。

茶道《さどう》は安土桃山《あづちももやま》時代の千利休《せんのりきゅう》によって大成されたものですが、そのもととなる質素な様式をはじめた村田珠光《むらたじゅこう》は、大徳寺で一休さんに参禅しています。いまに伝わる「わび茶」は禅の影響を受けてできあがってきているのです。

このような「禅の日本文化への影響」は、鈴木大拙《すずきだいせつ》『Zen and Japanese Culture（禅と日本文化）』（Princeton University Press, 1938）によって海外に紹介されました。この本は、現在でも多くの国で読まれ、日本に興味をもつ人の必読の書になっています。

その後、欧米に坐禅の道場が建てられ、多くの人が坐禅に親しむのにしたがって、その体験を仕事に役立てるようになっていきました。いちばん有名なのは、アップル社のスティーブ・ジョブズでしょう。iPhoneやiPadの開発に禅的な発想が影響していることはよく知られるところ。結婚式や葬儀を禅（曹洞宗）の形式で行いました。亡くなってすぐに、ケレイブ・メルビー、ジェス3により『ゼン・オブ・スティーブ・ジョブズ』（日本語版、柳田由紀子訳、集英社インターナショナル、二〇一二年）という、ジョブズの参禅体験を語ったコミックも出版されたほどです。

ほかにも、全米プロバスケットボールリーグ（NBA）元監督のフィル・ジャクソンや、北米プロゴルフツアーで賞金王に輝いたこともあるビジェイ・シンも、禅を自身のパフォーマンス向上に役立てています。

いま世界的に注目されているマインドフルネスも、禅の教えや実践《じっせん》を心理療法《りょうほう》に活用したものなのです。その意味では、日本にいる私たちが感じる以上に、欧米では禅を「生活に役立つもの」と認識しているといえるでしょう。タレントのパトリック・ハーランさんが、あるテレビ番組で、日本よりも海外での方が「禅（Zen）」という言葉を聞く回数が多いとおっしゃっていました。パックン自身も禅が好きで、頻繁《ひんぱん》に永平寺に行かれているとのことです。

日本の実業界でも、京セラ創業者の稲盛和夫《いなもりかずお》氏が、禅のおしえに傾倒《けいとう》して在家得度《ざいけとくど》（出家《しゅっけ》せず仏門に入ること）されています。

本書では、このような禅的な考え方を社会に活《い》かそうという動きのもととなる「禅のおしえ」の基本にふれています。ぜひみなさんにも禅の基本を理解し、それぞれの生活に役立てていただければと思っています。それがこの本の一つめの目的です。

そしてもう一つの目的は、禅を理解することによって、社会のグローバル化や多様化に対応する有効なツールとしていただきたいということです。

前述の鈴木大拙『禅と日本文化』によって、世界に禅のおしえが広まりました。ただ、そのタイトルどおり、海外の多くの人びとが「日本文化の根底には禅がある」と、ちょっと拡大解釈をするようになってしまっているのです。

日本人である私たちには、それが禅の拡大解釈であることはすぐにわかります。禅だけで日本の心や文化を語りつくすことなど、どうやっても不可能ですから。そのため、禅についてしっかりと説明することが、私たち日本人に求められるようになってきているのです。

とはいえ、「では禅とは何か？」と外国の方に聞かれたら、私たち日本人は、なかなかスパッとは答えられないのも事実なのではないでしょうか。

たとえば、なぜ禅宗では修行の中心に坐禅をおいているのか、と問われたら、どう答えればいいでしょう。これは、仏教の開祖《かいそ》である釈迦牟尼仏《しゃかむにぶつ》が、菩提樹下《ぼだいじゅか》での禅定《ぜんじょう》によって正覚《しょうがく》（さとり）を得たことに由来《ゆらい》しています。

また、禅を取り入れた「わび茶」について、「わび」とか「さび」という表現が何を示しているのかと問われたとき、誰でも漠然《ばくぜん》としたイメージはすぐに湧くと思います。でも、具体的に説明するのは意外に難しい。JR東海のテレビコマーシャルで、「侘《わ》びとか寂《さ》びとかいくら検索《けんさく》しても分からない事のひとつでした」というコピーが使われていましたが、まさしく、イメージは湧くけれど説明できない、禅のおしえにはそのような部分がたくさん存在しています。

じつは、『禅と日本文化』では、「わび」を「Poverty（欠乏）」であるとし、さらに「わび」と「さび」の違いを、「わび」は主観的（subjective）な表現で、「さび」は客観的（objective）であると説明しています。つまり、雰囲気を表現するときは「わび」で、具体的な事象を表現するときは「さび」という。「さびた茶碗」とはいいますが、「わびた茶碗」とはいわないので、確かにこれで説明できるような気がします。しかし、やはり「欠乏」だけでなく、清らかさや潔《いさぎよ》さ、あるいは静けさといったニュアンスの複合体として使われているのであって、どうしても「少し違うのではないか」という気持ちがぬぐえません。でも、はっきりと説明できないのが残念なところですね。

いずれにしろ、禅は身近にありながら意外としっかりと把握《はあく》できていないもののひとつだといえるでしょう。

ほかにも、日ごろの生活のなかで、あまり意識することなく行っていることの背景に、じつは「禅」があるのかもしれません。その逆に、海外で禅のおしえにもとづいているとされているものが、じつは別のルーツをもっているかもしれません。それらを明確にできるようになるのもまた面白いと思いませんか？

グローバル化、多様化する社会のなかで、何がいちばん大切なのか。海外に出られた多くの方が、「世界を知ること」の前に「自分を知ること」である、と言っています。自分の意識の根底にあるもの、精神性や文化をしっかり説明できることが、自分を相手に理解してもらい、評価してもらうための大事なツールになっているというのです。

海外の方が、「禅ってこんなものでしょ?」といったとき、「いや、それはじつは……」と情報を与えることができたら、それはそのまま自分の評価につながります。禅がすべてであると勘違《かんちが》いしている海外の方に、「禅とは何か、どのような位置にあるのか」を語ることができる、本書がその一助になればと考えています。

この本はそのような意識のもと、禅の基本を、みなさんがもつであろう素朴な質問にお答えするかたちでまとめました。

ところどころ難しいところもあるかもしれません。なにしろ「禅問答」がもとになっていますから。でも、一度で全部理解できなくてもいいのです。まずは雰囲気を感じていただき、そこから何か役立つものを拾い出してください。それぞれが自分の情況にあわせておしえを取り入れて活用していく、それも禅ですから。

第1章

なぜ今、禅？

●マインドフルネスと禅

——禅って厳しい修行のイメージがあって、とっつきにくい気もする。

そうかもしれません。でもじつは、気づいていなくても私たちの暮らしに禅の要素はたくさん浸透していて、それと知らずに禅の発想や言葉を使っていることが多いんです。

「日々是好日《にちにちこれこうじつ》」という言葉を聞いたことありませんか。中国唐《とう》末から五代《ごだい》にかけての雲門文偃《うんもんぶんえん》という禅僧の言葉で、「その日その日が好《よ》い日である」「毎日が素晴らしい」ということです。晴れの日もあれば嵐の日もありますが、どんな日だってそれぞれに価値があるのです。「何をやっても思うようにならない時、上にのびられない時に根は育つんだから」と相田みつをさんの詩のように考えられれば、悪い日なんてなくなりますし、すべてが明日につながってきます。そんなふうに、ポジティブ思考はとても禅的なのです。というのも禅は、世界全体のありかたそのものを仏としてとらえますから。中国の古典『易経《えききょう》』にある「一陽来復《いちようらいふく》」、冬が去り春が来る。悪いことばかりあったのが、ようやく回復してよいほうに向いてくる、ひとひらの明るさが戻ってくる——という言葉は禅者が好んでよく使います。いちばん暗い時にさえ、次は明るくなると思えば前向きになれる。おみくじで大凶を引いても「これ以下はない、あとは上がるのみだ」と見方を変えて思うことができれば、落ち込まなくていいでしょう（笑）。

――へえ、知らなかった。そもそも「禅」という言葉はどういう意味なの？

人によってさまざまに定義されますが、元は古代インドの俗語の jhāna（ジャーナ）、それが中国で「禅那《ぜんな》」と訳され、「禅」と省略されて日本に伝わりました。心と体を静める修行のことで、「禅定《ぜんじょう》」ともいいます。

――いま人気の「マインドフルネス」は禅と関係あるの？

《マインドフルネスについては「今、この瞬間を大切にする生き方」「今、この瞬間の体験に意図的に意識を向け、評価をせずに、とらわれのない状態で、ただ観ること」などの説明がなされる。実践方法としての瞑想などが近年、Google、Facebook、Yahoo! といった企業だけでなく、医療や福祉の現場でも広く取り入れられている》

あります。禅から編み出されたものです。ただし、宗教性を一切排除して展開しているという点で禅とは異なります。ようするに禅をベースにした心理療法で、ストレスに苛《さいな》まれている人を精神的に解放してあげるためのメソッドです。ジョン・カバット゠ジンさんが一九七九年に始めたもので、まだ新しいですね。初めて「マインドフルネス」という言葉を使ったのはベトナムの禅僧ティク・ナット・ハンさんで、『禅キー（禅の鍵）』という、欧米で非常に受け入れられた著作においてでした。仏教語でいえば「正念《しょうねん》」（釈迦が最初の説法で説いた「八正道《はっしょうどう》」の一つ）の英訳で、「正しい判断」といった解釈がなされています。マインドフルネスは、あえて宗教の匂いを取り去ることによって広まっていきました。

――じゃあキリスト教など、仏教以外を信仰している人もやっている？

はい。自分をどうとらえるか、心構えだけの問題ですから。足を組まなくてもいいですし。ただ「禅定」は禅宗だけでなく仏教全体にあります。もっといえば仏教以前からある修行方法です。ですから最近は、「坐禅は禅宗の専売特許《せんばいとっきょ》ではない」とも言われます。

――すると禅宗の専売特許は？

禅問答や公案《こうあん》（後出）だというのです。でも、日本の禅宗は、坐禅なしには成立しません。いま大学で一般向けに日曜日に開いている坐禅会には、毎回百人ほどが参加されます。初めての方も多く来られて、男性が六割ぐらいでしょうか、けっこう遠くからも来られて、年齢もばらばらです。三十〜四十代の方も増えていますし、最近は小中学生の姿も見えます。集中力をつけたいなどの目的があるかもしれませんし、ふだんじっと座っていられなくて親から「ちょっと坐禅でもしてこい」と言われて来る場合もあるでしょうが、無理矢理というわけではなく積極的に来る子もいるようです。

目的をもたないのが坐禅ですが、皆さん最初はやはり何らかの期待があって来られるわけで、まず興味をもって体験してみれば、何かのきっかけにはなると思うんです。足がきちんと組めなければ椅子に坐ってもいいですし、片足だけ組んでも構いません。それでも辛《つら》いのか、残るのは二、三割ですが。

――興味がわいたら動機にかかわらず、気軽に参加していいの？

一度やってみて「これはいい」と思えば続けてくだされればいいし、合わなければやめればいいんです。「来るものは拒《こば》まず、去るものは追わず」、修行道場と同じです。

●禅って宗教なの？

――マインドフルネスや坐禅は信仰と関係なくやっている人が多いようだけれど、禅って宗教とはいっても「信仰」のイメージが薄い気がする。

先日も留学生が書いたリポートに、「仏教を学んで真っ先に驚いたのは、釈尊《しゃくそん》が人間だったことだ」とありました。キリスト教の教祖は神（ゴッド）ですから。

――イエスさまって人間じゃないの？

神の言葉を伝える預言者《よげんしゃ》であって、神そのものではありません。またその留学生は仏教について「宗教というよりも生き方の指南《しなん》であると感じた」とも書いていました。そのへんの感覚から、キリスト教徒でありながら坐禅をしたりするのでしょう。おそらく禅を哲学や思想、「どう生きるべきか」の模索のためのハウツーと捉えているようです。

そもそもアジアの多神教はヨーロッパにない発想ですし、日本では「神仏習合《しんぶつしゅうごう》」といって、神と仏を区別せず、一緒に信仰する伝統があります。唯一神は全知全能ですが、日本の神は大勢いて役割分担しています。火の神とか水の神など。山の神もいますね、これは少し違った意味で使われることもありますが。いずれにしろ、それぞれの役割をもった神様が仏といっしょに私たちのまわりにいるのです。たとえば箱根神社の御神体《ごしんたい》の龍神は水の神で、かつお釈迦さまの化身なのです。興福寺《こうふくじ》と春日大社《かすがたいしゃ》のように寺と神社がペアになっているところも多い。明治時代になって「神仏分離」の政策がとられ、神社にいる僧「別当《べっとう》」「社僧《しゃそう》」が禁止されたんですね。

そのような多様性は、みんな日々の生活に直接つながっています。その流れの中で、特に禅は、日々の生活に密着した考え方をもっています。そのあたりが、欧米人にとって禅が、苦しみの多い人生から逃れるためにはどうすればいいか、非常に現実的な問題においてどう歩んでいくかを指南してくれる〝ウェイオブライフのインストラクション〟に見えるゆえんなのではないでしょうか。

――まさにハウツー系?

禅は宗教という枠組みからはみ出やすいところがあるかもしれませんね。マインドフルネス人気も「見えないものにすがる」のではなく、「自分の感覚を磨く」ことによって今の自分がどうあるかをしっかりと観察し把握することによって自分を楽にするという考え方が現代に受け入れやすかったからでしょう。

禅に話を戻せば、欧米の参禅者は、「神の啓示によって生きるだけでなく、自らの実践によって道を切り開くおしえとして魅力を感じた」という面があるようです。禅は自己を肯定し、坐禅によって自己を「表現」するものですから。

——自分を「表現」するの？　芸術家でもないのに？

「芸術家は道具を使って表現する。禅者は自分の心と体を使って表現する」と（禅を欧米に紹介した）鈴木大拙《すずきだいせつ》は言い、禅者を広義の芸術家であるとしています。といっても自由奔放《ほんぽう》で良いというのではなく、二十四時間決まったかたちの修行の中で自己を表現するというものなのです。

禅は自己を肯定し
坐禅によって自己を「表現」する

——**念仏を唱えれば救われるとかいうのでなく？**

ヨーロッパで禅を広めた弟子丸泰仙《でしまるたいせん》（後出）は、禅が受け入れられた理由を「西欧の物質文明が限界にきて、回帰《かいき》すべき宗教が形骸化《けいがいか》した精神的飢渇《きかつ》」ゆえとみていました。おそらく仏教の一宗派に所属するという意識は希薄で、自律訓練法と同じ、むしろ「精神の安定に効果のあるトレーニング」と解釈していて、心を調えるのにどうしたらいいかを模索して禅に行き着いた、ということでしょうか。坐ってみたら自分のフィーリングにぴったり合致した、というのです。

——**ふーん。いずれにしても現代人を惹きつける何かが禅にある、ということだね。**

●宗教ってなぜあるの？

——**そもそも宗教はなぜうまれたの？　犬とか猫には……。**

たぶん宗教はないですね。

なぜ宗教がうまれたか、それは難しい問題です。ただ、何をもって宗教というか、定義は宗教学者の数だけあると言われています。私は、人だけが死を予測できるから、その不安な気持ちが宗教を生んだのではないかと考えています。必ず死は来ます。やがて来る死とどう向き合うかということを人間は考えますね。近年、来たるべき死（終焉）を意識しながら、どう生きるかを学術的に考える「死生学《しせい》（サナトロジー）」という学問が注目されています。やはり人は「死」を無視することはできないんです。また、生きていくうえであありたい、こうしたいと思っても、すべて自分の思い通りにならないことが多い。それにいかに対処していくのか。どうやってもうまくいかないことがある人生、心の安定をどう得るかというところでも宗教が必要となってきたのだと思います。神という決して自分にはない能力をもつ存在がいることにしてお願いをする方向もできれば、自分で努力して、何とか解決する方向性も出てくる。仏教は基本的に自分と世界との関係をしっかり把握することで心を安定させようというものです。その理解を智慧《ちえ》というのですね。ちょっと難しい字で一般の知恵と区別します。

――人は何かよりどころがないと不安だもんね。

そうですね。将来についてもそうですが、思いのままにならない自分、思いのままにしたい環境も含めて。

——先生はなぜ宗教を仕事にしたの？

祖父が東京でお寺の住職になったのですが、父が仕事を続けるために弟に後を継がせて寺を出てしまいましたので、私は物心がついた頃にはお寺の外にいました。でも、お寺の行事があれば参加しましたし、二十人ほどの僧侶が問答を戦わせる法戦式《ほっせん》という儀式で、最初に問答を投げかける弁事《べんじ》という役をやらせていただいたこともあります。学生時代はずっと、お盆とお彼岸と年末年始は必ず父とお寺に行き、墓掃除をしたり、お寺とは関係をもっていたのです。

本当は、大学では生態学を学びたかったのです。それで生物学科を受験したのですが失敗し、同じ人間のことをやるのであれば心のほうをやろうかと仏教学に進みました。まあ、お寺の生まれでもありましたし、ご縁があったということです。

大学時代の転機といえば、編集のアルバイトをしたときに一人前に扱ってもらったことで、社会性に目覚めたというのかな。じゃあ社会で自分のやることは何かをみつめ直したら、仏教の勉強をもっと続けることだったんです、ちょっとへんかもしれませんが。それで大学院に進みました。修士論文も卒論と同じ、道元《どうげん》さんを書きましたが、今考えるとひどかったです。自分ではもう見たくない。今の私はその自己批判の上に成り立っています。

――その後は迷わず仏教の研究や教育の道へ?

自分にはお寺がありませんので、食べていくには大学に残るしかない。覚悟を決めてやれば、どんどん面白くなりました。与えられた選択肢を一つひとつこなしてきたら天職についていたということでしょうか。おそらくは挫折の歴史なのですが、今の時点でするべきことはしてきた充実感はあります。学位論文はまだ書いていませんが(笑)。

――やることが残っているほうがいいかも。

そうです。「足りないな」「あのときやっておけば」と後悔して落ち込むのではなく、「いいじゃないか、だから今やれているんだ」とポジティブに考えていけばいい。まさしく禅ですね。

●禅のはじまり

——仏教のなかから、なぜ禅が生まれてきたの?

日本に伝わった大乗仏教は、成仏できる存在をどんどん広げていこうというものです。最初はお釈迦さまだけだったのが、仏弟子《ぶつでし》、菩薩《ぼさつ》、やがて在家《ざいけ》の人に広がり、とうとう草木や石ころまで一切《いっさい》が成仏できるようになった。いわゆる草木国土悉皆成仏《そうもくこくどしっかいじょうぶつ》ですね。インドでは「一切」は優婆塞《うばそく》（在家信者の男子）までだったらしいのですが、中国や日本で「一切」といえば世界全体ですから、山川草木《さんせんそうもく》までの広がりをもって成仏の可能性があるということになったのです。可能性をもっているということは「仏としてある」ということで、その流れのなかに禅宗もあります。

達磨（生没年不詳）禅宗の始祖とされる。南インドの王子として生まれ、長じて中国に渡り、梁の武帝との問答を経て嵩山の少林寺に入った。祥啓筆《達磨図》（室町時代）より。

――禅を始めた達磨《だるま》さんは、インドの人なんだよね。

そう言われています。フルネームは菩提達磨《ぼだいだるま》。禅宗の歴史は、達磨さんが中国にやってきて少林寺《しょうりんじ》で九年間、壁に向かって（面壁《めんぺき》）坐禅をしたところから始まります。禅宗側の史料では、インドで生まれたお釈迦さまのおしえが中国では時代とともに廃《すた》れたので、師匠の般若多羅《はんにゃたら》に「私が死んで六十七年経ったら中国に行き、廃れたおしえを広めるように」と遺言を託されたため達磨さんは中国に赴《おもむ》いた、とされています。禅宗の二つめの特徴は、釈尊から伝わった正しいおしえであるという系譜を大事にするということです。

――だったら、なぜわざわざ「禅宗」というの？

順序でいえば、禅宗ができたあとで「私たちは釈尊の正しいおしえを受け継いでいる」と主張したのです。自分たちは『法華経《ほけきょう》』や『華厳経《けごんきょう》』といった個別のお経を超えたおしえを継承しているのだということなのですね。

日本の道元さんも、もちろんこの禅の系譜の上にいるのですが、これこそが仏教全体を

禅は釈尊から伝わった正しいおしえという系譜が大事

網羅したおしえであり、「禅宗」と名乗ってはいけない、とさえ言っています。
お釈迦さまは後継ぎとして摩訶迦葉《まかかしょう》を選び、「あなたに正法眼蔵涅槃妙心《しょうぼうげんぞうねはんみょうしん》（正しいおしえの本質を宿した、静かで素晴しい心）を付与しよう、代々伝えて断絶させてはならないぞ」と託しました。その後も代々続いてきたことが、『燈史《とうし》』（僧侶の系譜と、宗風の特徴を示す言動を記録した書）に記録として残っている、達磨さんはその二十八代目というわけです。

――でも「坐禅」という行為自体はずっと前からあったんだよね。

そうです。ではなぜ禅宗で坐禅が強調されるのか、道元さんが言うには、それが仏のおしえへの正しい入口、正門だからだと言っています。理由は、釈尊がその修行で悟りを得たのであり、それだけでなく、すべての祖師さまが坐禅で悟りを得たのだから。釈尊は、いろいろな修行をしたあと、菩提樹の下に坐って禅定することによって悟りを開きました。その修行にならうのが禅宗、だから坐禅でなければならないのです。

《禅宗略法系図》

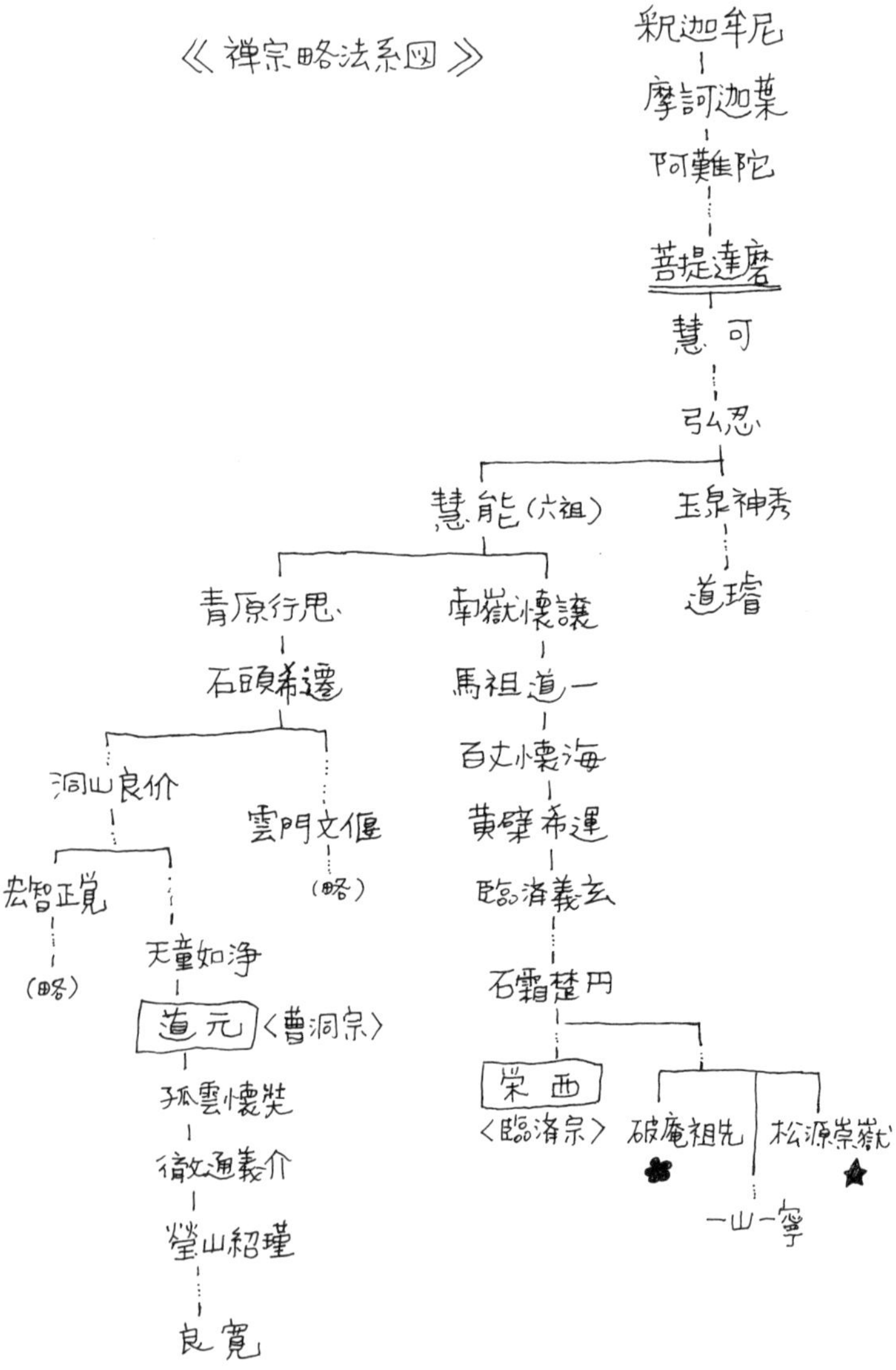
釈迦牟尼
摩訶迦葉
阿難陀
菩提達磨
慧可
弘忍
慧能（六祖）
玉泉神秀
道璿
青原行思
南嶽懐譲
石頭希遷
馬祖道一
百丈懐海
黄檗希運
臨済義玄
石霜楚円
洞山良价
雲門文偃
（略）
宏智正覚
（略）
天童如浄
道元
〈曹洞宗〉
孤雲懐奘
徹通義介
瑩山紹瑾
良寛
栄西
〈臨済宗〉
破庵祖先
松源崇嶽
一山一寧

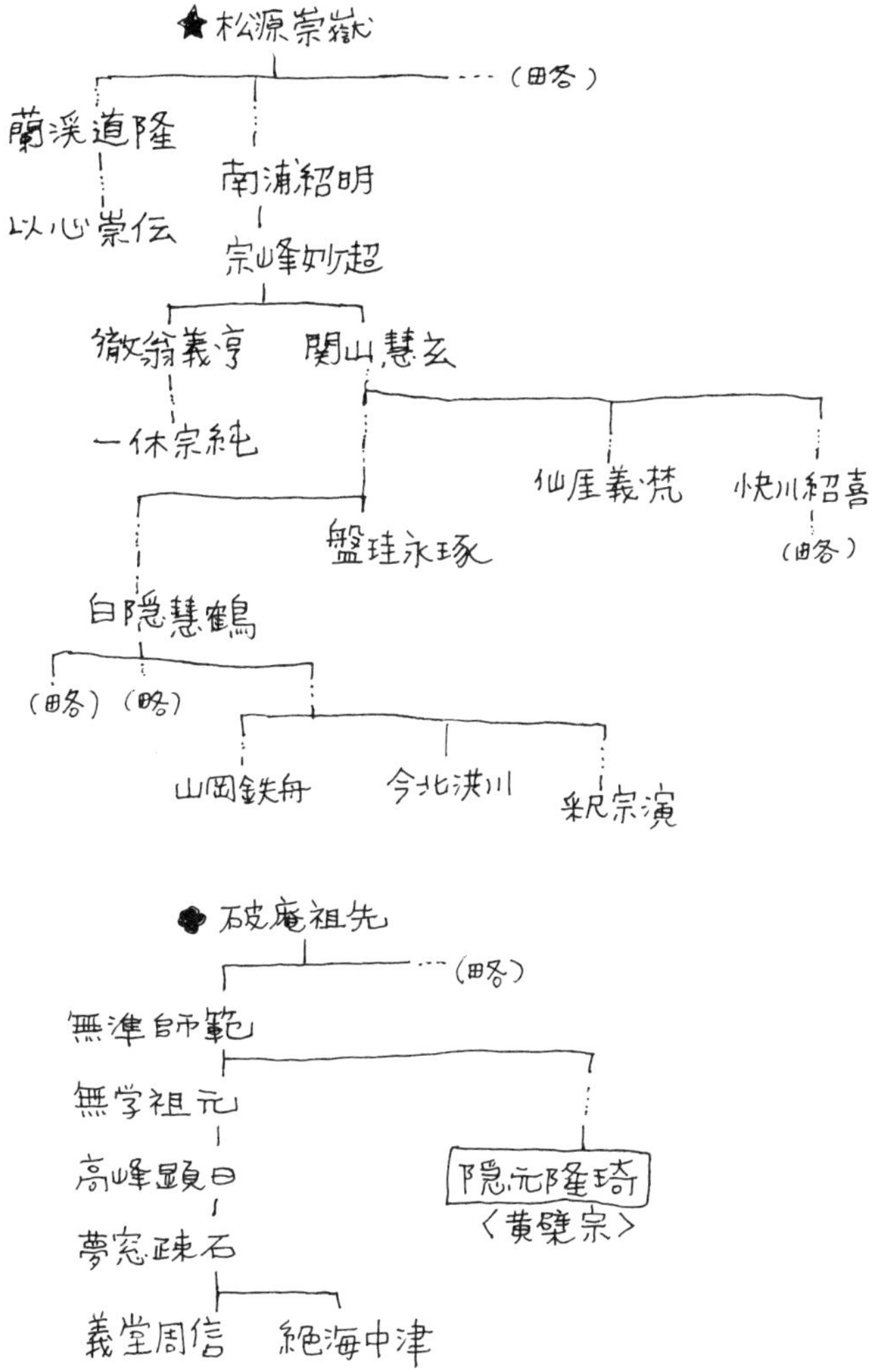

※本書に登場する禅師を中心に作成した

●禅の思想のあゆみ

――禅の思想は、達磨さん以降、少しずつ作られていったの？

はい。ただ淵源《えんげん》は、中国の地論宗《じろんしゅう》（四～五世紀頃のインドの僧、世親《せしん》の『十地経論《じゅうじきょうろん》』にもとづいて中国北方で六～七世紀初頭に現れた学派の総称。中国仏教十三宗の一つ）にあるといわれています。最近は禅が生まれる背景には地論宗と道教がベースとしてあったという説が有力で、ようするに土地の信仰と結びつきながら新しくできあがっていった、と考えていいと思います。地論宗は「本来成仏」を唱えていたようですから、それを取り入れて禅が展開していった可能性が高いのです。

じつは達磨さんの基本思想は意外とストイックで、現実を否定的にみていました。達磨さんの語録で唯一残っているとされるのは『二入四行《ににゅうしぎょう》』で、「二入」は理屈と実践から入ること。その実践が四つに分かれます。それが「四行」です。簡単に言えば「今がとても素晴らしくても、それは束の間のものだからすぐに変化すると思って一所懸命に努力しなさい」（随縁行《ずいえんぎょう》）、「今の自分がだめなのは宿縁によるものであり、それがよくなるよう努力しなさい」（報怨行《ほうおんぎょう》）などという考えで、ややペシミスティック（悲観的《ひかんてき》）でしょう。それが六代目の慧能《えのう》さんで変わるのです。

慧能さんは、坐禅だけではなく日々の生活も悟りの機縁になる、修行であると言ったのです。じつは慧能さんは坐禅をしないで六代目となりました。米搗《こめつ》きをしていて、まだ出家もしないうちに師のあとを継いだのです。

――師匠が資質を見抜いたから？

そうです。「仏性《ぶっしょう》問答」といいまして、師の弘忍《こうにん》に向かって慧能さんは「人に（出身による）南北の違いはあっても（仏となる）本質に違いはありません」と言い切ったのです。それもなんと初対面のときでした。

禅では一般の誰でもが高い境涯が得られる

――大胆！　ということは、出家や修行をしなくても、誰でも仏さまになれるってこと？

禅宗では一般の人も高い境涯《きょうがい》を得られるということは、自明《じめい》の理《り》になっています。出家しなくても祖師の席に列することのできる境涯を身につけることはできるのです。禅の

『燈史』には、僧侶だけでなく、たくさんの「居士《こじ》」が収録されています。出家しないで在俗のまま禅を学びその道を極めた人がたくさんいて、その人たちが分けへだてすることなく祖師の記録に組み込まれているのです。

――順位があるの?

禅では、基本的に序列はありません。すべての存在は、人から石ころまで、すべて同列に仏としてある、と考えるのです。上座部《じょうざぶ》仏教――お釈迦さまの没後百年ほどたって二十派ほどに分かれた部派仏教のうちでも保守派をいいます――の考えでは、お釈迦さまは一人ですべてを成しとげられた、私たちはそのおしえに従っていますから並ぶことはできない、明確にその差はあるとされます。大乗仏教も初期は、一部の選ばれた人のためのものだった可能性が高いとされますが、時代を経て、どんどん対象が広がっていったのです。

慧能さんは出家も坐禅もせず、米搗きを一所懸命にやり、「すべての人には等しく仏性がある」という本質を理解していることにより六代目になった。自分が選び取った自らなすべきことをし、自身のあり方をしっかり表現することこそが修行である、というわけです。この流れは、その後も受け継がれ、八代目の馬祖道一《ばそどういつ》になると「日常生活のすべてが修行である」ことが明確化されました。それだけでなく、心についても、馬祖は私たちのありのままの心が、そのまま仏であるとしました。これが後でもお話しする「即心是仏《そくしんぜぶつ》」です。日々の生活と、喜怒哀楽《きどあいらく》の心の動きがすべて仏であることの表現だとしたのです。そう言うと「何をやってもいい」と思われそうですが、そうではありません、自分をみつめるなかで、自分が仏だと気づけば、やることが決まるじゃないですか。

――誰が見ていなくても努力する……。

そうです。慧能さんは「無相戒《むそうかい》」、形のない戒律と言っています。自分は立派な人間だと思えば、人前でツバを吐いたりできないでしょうと。少なくともお釣りをごまかすとか、悪いことはできないじゃないですか。行動が自然に規定されていきます。

●「不立文字」と月のたとえ

――聞いていると逸話がいろいろ出てくるけれど、信じていいの？

慧可（487–593）禅宗の第２祖。不明な点が多いが、達磨に入門を乞うが許されず、左腕を切断して求道の誠を示しついに許されたという「慧可断臂」の逸話が知られる。石恪画。

ディーテイルはほとんど創作でしょう。ただ、それぞれが今に伝わるおしえの大切なところを確実に示したものであるのも事実なのです。達磨さんがお釈迦さまから二十八代目といった世代も作り話ですし、中国に来たときに百四十歳超、亡くなったのは百五十歳と言われていますが、あり得ません。二祖となった慧可《えか》にしても、達磨さんに入門を乞うて許されなかったため、左臂《ひだりひじ》を自ら切って誠心を示し、やっと入門を許されたというのは伝説です。『続高僧伝』では、布教していて破仏《はぶつ》（仏教弾圧）に遭い、賊《ぞく》に切られたとされているのですね。次の三代目にしても、どの史料にも見あたりません。慧能さんは実在こそしていたようですが、どういう人物だったのかは不明です。しかし禅宗では、それらを代々の系譜としてきれいに作り上げたことが大事なんです。というのは、禅宗は依《よ》りどころとするお経を持ちませんから。

――経典に依らないって？

禅宗より先にあった宗派はそれぞれに依りどころとする経典があります。禅宗はそれに対抗して「おれたちはそんなものに頼らないんだよ」というわけで、決まった経典をもたないのです。もちろん問答が膨大に残っていますから文字は使うのですが、天台宗の『法《ほ》華経《けきょう》』や華厳宗の『華厳経《けごんきょう》』などのように、固定的に「これが一番のおしえ」というものをもたない。そういう決まった言葉で真理は表現できない、という発想なんです。

――絶対的なものを否定する？

はい。唯一、達磨さんが用いたのが『楞伽経《りょうがきょう》』（インドの大乗仏教の経典）四巻です。そのなかに、釈尊が「私が菩提樹《ぼだいじゅ》の下で悟りを得てから死ぬまでの四十九年間、一文字も法を説かなかった」と述べて亡くなる、と書かれています。それが「文字に頼らない」ことの依りどころとなっています。

そもそも大乗経典にはお釈迦さまが説いたことなど一つもありません。お経はお釈迦さまの説法を阿難《あなん》さんが聞いて書き留めた如是我聞《にょぜがもん》（「このように私は聞いた」）のかたちになっていますが、その内容は後から変遷しているんです。お釈迦さまが説いたものと認定できるのは（原始仏教の最古の）『阿含《あごん》経典』ぐらいだといわれています。その後どんどん新しい経典がふえていきました。

釈尊が亡くなったあと、仏教がいろいろな地域に広まりました。その際、説かれた内容はお釈迦さまが生きた東インドの地の紀元前四世紀の八十年間の時代のものであって、その時その場に合わせたおしえだから限界がある。時が経ち、時代が変われば、当然説き方も変わってくるはずだ、何を説きたいのかという真理が間違っていなければ言葉を変えてもいい、という考え方が出てきたからなのです。

変化の最初は戒律の守り方からでした。釈尊が亡くなって百年ほど経って、戒律の運用に例外を許すかどうかの議論が行われたのです。それは、比丘《びく》（修行僧）が金銀の供養を受けることを認めるかどうかというところからはじまりました。修行僧は、貯《たくわ》えを持つことを禁じられていたので、このような供物《くもつ》の管理は大問題だったのです。ここで僧団は二つの方向に分かれていった。そして「状況に応じた対応をしよう」という流れが、大乗仏教へと展開したとされています。戒律だけでなく、経典も、このような形で増広されていったのです。

禅も、もちろん大乗仏教の一派として位置づけられますので、時代や地域の変化のなかで、「○○が正しい」「××は間違っている」と固定的に考えることはしない。それらを組み合わせながら、今この瞬間に何が真実なのかを見ていこう、と考えるのです。

――ということは、今も刻々と変わっている？

そうです。ある一定の経典には頼らない、それが禅の原点、「不立文字《ふりゅうもんじ》」ということなのですね。つまるところ「スローガンをもたない」というのがスローガンということになるかもしれません（笑）。

――禅は生きている。

まさしくそうなりますね。こういうたとえがあります。経典は確かに真理を示してはいるが、それは月をさす指である。その

「を月様幾ツ　十三七ツ」。仙厓《指月布袋図》は、指（言葉）のさす先にある真理（月）は自分で摑みにゆくもの、というおしえをユーモラスに表現している。

指が真理だとは誰も思わない、経典（言葉）はその指であり、月（真理）はその先にあって、自分から掴《つか》みにいかなければならない。江戸時代後期の禅僧、仙厓《せんがい》（一七五〇―一八三七）の《指月布袋《しげつほてい》図》はその考え方を布袋さんの姿でユーモラスに表現しています。

月は満ち欠けするというところから、悟りのたとえなど禅の話にもよく出てきます。禅の基本思想は「この世界はすべてが仏としてある」ということで、自分は仏として完成した状態にあり、それに気づくのが悟りとも言える。ただし、常に満月のままではない、どんどん欠けていく。「昨日の月は今日の月ではない」のですから、変化する現状を見つめ、そのつどのあり方を見定め続けなければいけないのです。

道元禅師はまた、人と悟りの関係を、水が月の光を映しているようなものだともいいます。月は濡れず、水も破けることはない。しかし、どんな小さな水たまりでも空全体を映す。大きくても小さくてもかまわない、月の姿をそれぞれに表現できていればそれが悟りだというのです。現実肯定型でしょう。

●日本にやってきた禅

――禅が日本に伝わったのは、栄西《えいさい》さんが中国からもたらしたと習ったけど。

変化する現状を見つめ
そのつどのあり方を見定め続ける

確かに、宗派としての禅宗は平安末から鎌倉時代にかけてはじまりました。ただ栄西さんひとりがはじめたものではありません。二十人をこえる禅僧が、それぞれに禅を伝えました。

また、日本の禅僧のあり方についても、最近の見方は少し変わってきています。日本の禅を単純に中国の禅を輸入したものと考えると本質を見誤るというのです（船岡誠『日本禅宗の成立』）。一番古くは奈良時代、道璿《どうせん》という人が中国から日本に来て布教活動をしました。まもなく山の中に入ってしまい出てこなかったのですが、彼だけでなく平安時代初期の仏教説話集『日本霊異記《にほんりょういき》』には「禅師」と呼ばれる僧侶がたくさん登場します。

――じゃあ栄西さん以前に、日本に禅者はけっこういたの？

怪しげな人が多いのですが（笑）。お寺の外にいて活動している人が多いのです。『日本霊異記』では、海辺で人々を教化したり、経典を読んで病気を治したりしています。祈禱《きとう》も上手だったようです。聖武《しょうむ》天皇が病気になったとき、看病にすぐれた「禅師」百二十六人が登用されています。

――あれ、少しイメージが違ってきた……。

平安時代の禅師は『もののけ姫』のジコ坊や、武蔵坊弁慶《むさしぼうべんけい》に近いような存在だったと考えていいと思います。弁慶は勧進聖《かんじんひじり》でした。勧進とは、お寺の募金のことです。東大寺などにお墨付き《すみつ》（これが「勧進帳《かんじんちょう》」です）をもらってお金を集めながら諸国を回りました。

――普通のお坊さんとは一線を画していた？

同じ僧侶でも、普通にお寺にいるお坊さんとは少し違っていました。全国各地を遊行《ゆぎょう》して、いろいろな社会事業にたずさわっていたのですね。古代に「禅師」と呼ばれる僧侶は、おおむねこのような活動をしていたようなのです。

――そういう人たちが、後に栄西さんのもたらした禅と合流した？

そう考えてまちがいはありません。ただ栄西の少し前に、能忍《のうにん》という人が達磨宗を開き

禅僧は全国各地を遊行し
いろいろな社会事業にたずさわった

ました。実質上の日本の最初の禅宗はこちらになります。その宗風は、いまいった、日本古代の禅を色濃く出したものと考えられています。ただし師匠をもたずに「独《ひと》りで悟りを得た」と言ったことを非難され、弟子にどのように悟ったのかを詳しく記した書簡をもたせて中国に派遣し、印可《いんか》（師匠が弟子の悟りを証明すること）を得たのです。

――宗教って人を苦しみから救うとか、いいことをするものではないの？

もちろんそうです。じつは募金活動も人助けの一環なのです。他にも人の苦しみを除くことをたくさんしています。たとえば東大寺まで行けない人に、仏縁を結ぶために「少額でもいいから」と寄付を募る、その人たちは喜んでお金を出す、わざわざ東大寺に行かなくても功徳《くどく》を積むことができるからです。今でいえば交通安全のお守りを、お寺の坊さんが供養《くよう》して家まで届けてくれる、といったイメージでしょうか。当時の人は関所を越えることが難しかったですから、ありがたさもひとしおだったと思います。「禅師」さんたちは、そういう仲立ちで全国を駆け回っていました。弁慶も安宅関《あたかのせき》を越えるときに勧進帳を広げて読み上げるでしょう、そうやって庶民の代わりに関を越えて全国に足をのばした。

また時代劇で編笠《あみがさ》をかぶって尺八《しゃくはち》を手にした虚無僧《こむそう》が出てきますが、あの虚無宗の起こりは禅宗のお寺です。ようするに関所を越えながら全国を布教して回れるのが禅者であり、それが世間に認められた存在だったのです。全国にネットワークをもっていますから、東大寺や興福寺なども寄付を集めるときに頼りにしたのです。

――禅師はお金集めが上手だったのかな。

お金というより、人の心をつかむこと、また組織化に長《た》けていたのでしょう。諸国を回るには技をもっていないといけません。池や橋をつくったり、井戸を掘ったり、病気を治すなどの先端技術を中国から学び、お寺に常駐せず全国を巡っていた。

そうした行為によって人びとに何を与えるかというと、今を生きているうえでの希望です。病気を治すことはもちろん、耳が聞こえない人にお経（方広経《ほうこうきょう》）を読み上げて祈禱すると仏さまの名前が聞こえてきた、という話が『日本霊異記』に残っています。また土木技術によって多くの犠牲を出してきた旅の難所に切り通しをつくったり、それまで橋を架けられなかったような池に架橋《かきょう》したり。もっとも目立つのは水利事業で、禅僧が山を叩くと泉が湧き出て村一帯は水に困ることがなくなった、という伝承がたくさんあります。おそらく井戸を掘ったり、川の水を引いて水路をつくったことがそう言い伝えられたのでしよう。

●地域への広まりと浸透

その後の禅宗の展開を教科書的に整理すれば、日本で臨済宗《りんざいしゅう》を開いたといわれる栄西（一一四一―一二一五）は、比叡山《ひえいざん》で天台宗と密教の修行をしたあと一一六八年と八七年の二度、当時は宋といった中国に渡り、臨済禅を学んで帰国します。そして博多に聖福寺《しょうふくじ》、京都に建仁寺《けんにんじ》を建てました。

また道元（一二〇〇―五三）も、まずは比叡山で学んだあと栄西の弟子の明全《みょうぜん》に師事しま

栄西（1141-1215）日本臨済宗の祖といわれる。備中生まれ。宋に2度留学し、茶種をもたらして栽培も行った。『興禅護国論』『喫茶養生記』などを著わした。ようさい、ともいう。

道元（1200―53）曹洞宗の開祖。京都に生まれる。宋留学から帰国後、京都に興聖寺、越前に永平寺を開く。『正法眼蔵』『永平広録』などを著わした。

したが、一二二三年に宋に渡ると曹洞禅の如浄《にょじょう》を師として学び、二七年に帰国しました。四四年には越前《えちぜん》に修行道場である永平寺《えいへいじ》を開き、日本の曹洞宗《そうとうしゅう》の基盤をつくりました。

曹洞宗はその後、どちらかといえば地域で浸透していきますが、臨済宗は一二五一年に「鎌倉五山の制」、一三三四年には「京都五山の制」が定められて幕府の庇護《ひご》を受けました。「五山」は「五山十刹《じっさつ》制度」という中国宋代の禅宗寺院の管理制度を導入したもので、すべてが政府直営の形となります。ですから禅寺といっても、坐禅修行よりも、政治の一端を担《にな》っていたのです。日本の五山は、大陸との文化交流と外交をする、今でいう外務省のような位置づけでした。だから寄りかかっている幕府が傾くと廃《すた》れてゆく運命にあったのです。

――「五山」というのは、信仰や宗教とはあまり関係ないの？

もちろん禅のおしえに則《のっと》った生活はしていました。でも、その仕事は文化と政治に関わるものが中心ですから、修行は漢詩や中国思想、あるいは水墨画や造園など文化的な活動が中心でした。

そうそう、医療にかかわる活動も続いていますね。栄西はお茶の種を大陸からもたらして栽培し、『喫茶養生記《きっさようじょうき》』を書いていますが、それは名前の通り養生〔健康〕に関わるものでした。じつは、この書はお茶だけでなく、後半は新しい漢方薬である桑《くわ》の効能が書かれているのです。

鎌倉時代に中国からやってきた禅僧は四十六人いて、うちお弟子さんができたのが二十四人ですが、当時は曹洞宗と臨済宗などの区別はありませんでした。じつは江戸時代以前は、曹洞宗であるとか臨済宗であるとかの僧侶の所属は、お寺の住職になるときに決まったのです。曹洞宗のお坊さんについて出家したとしても、その後は誰に参じてもよかったのです。たとえば永平寺で九十日間の修行期間〔安居《あんご》といいます〕が終了し、もう一度ここで修行すると決めれば帳面に名前を書き込む。あるいは「南禅寺《なんぜんじ》にいい師匠がいる」と聞けば、永平寺には留まらず「ちょっと行ってくる」と南禅寺で次の安居をする。そのような形で修行が進められていたのです。となると誰の弟子かわからなくなってしまいそうですが、最終的に、お寺の住職になるとき、「私は○○の弟子としてここの住職になります」と宣言して、そこで決まるのです。今はほとんど世襲《せしゅう》制ですが、江戸時代までは、禅宗は「弟子が師匠を選ぶ」と言われました。

禅宗では「弟子が師匠を選ぶ」

――じゃあ、浄土宗の人が禅宗のお寺の住職になったりすることも?

那須の殺生石。栃木県の那須湯本温泉付近に存在する溶岩。一帯に火山性ガスが噴出し、「生き物を殺す石」と恐れられたという。

あくまでも禅宗のお寺の住職として師を選ぶので、他宗派の人を師とすることはありません。ただ師弟関係を超えて、他宗派の人にお寺をゆずるということはありました。天台宗の観音霊堂に曹洞宗のお坊さんが入って曹洞宗のお寺になったとか。今、秩父《ちちぶ》の札所《ふだしょ》でいちばん多い宗派は、真言宗《しんごんしゅう》ではなく曹洞宗なんです。それは、はじめ真言宗だった寺院に、全国を行脚《あんぎゃ》していた禅僧が、地域の人々の信仰を得て住持《じゅうじ》として入ったことによるものと考えられます。曹洞宗が地域定着型だったことの一例といえるでしょう。

「那須《なす》の殺生石《せっしょうせき》」の伝承があります。

九尾《きゅうび》の狐が出てきて人や鳥獣が近づけば命を奪うと伝えられていたのですが、それを解決したのが禅僧の源翁和尚《げんのうおしょう》でした。

《室町時代、命を奪い続ける殺生石の話を聞きつけた源翁和尚は那須の地を訪れ、殺生石を杖《つえ》で打ち砕いた。石は三つに分かれ備後《びんご》や会津《あいづ》など全国へ飛び去ったという》

拝んで成仏させてあげることによって、人びとが安心して通行できるようになった。すると地元の人から歓迎され「ここに留まって安心を与えてください」となり、お寺ができていく。そういう話は各地にあります。

禅宗は武将が帰依したから各地で必ず存続できた

――それで日本全国に浸透していったんだ。

加えて、禅宗は武将が帰依《きえ》しましたので、各地で存続することができたのです。平安仏教と親密な貴族が信仰していないものとして、武家が取り入れたという面もありました。

このように、草の根的に全国に展開した禅を「林下《りんか》」と呼びます。これは、先ほど説明した「五山」と対比して用いられる呼び名なんです。

五山が中国の制度を導入したものとすれば、この林下は、同じ中国から伝わったものであっても、日本で培《つちか》われた古代からの禅のうえに展開した、日本的な禅といえるのです。ただそれも、武将の天下統一の動きの中でいろいろな影響を受けながら形を変えてゆくことになります。

中世には、織田信長が比叡山を焼き討ちしたり、豊臣秀吉が高野山《こうやさん》に対して刀狩《かたながり》をしたりと、大きな仏教勢力は力が弱くなっていきますが、徳川家康は宗教勢力を潰《つぶ》そうとはしませんでした。イデオロギーの問題なので、反発が強くなるからです。ただしキリスト教はどうにか弾圧したい、そこで江戸時代になると幕府は仏教を利用します。まず各宗派に本末《ほんまつ》制度（本山と末寺のピラミッド関係）が敷かれました。織田、豊臣の弾圧によって力のなくなった本山格に宗派のトップとしてお墨付《すみつき》きを与え、配下の寺をすべて書き出して幕府に報告するよう命じた。お寺の縦系列がここで初めてはっきりし、縦割りの宗派形態が形成されていったのです。同時に、各地で草の根的に信仰を集めているお寺に地域の人たちを檀家《だんか》として登録させます。つまり、戸籍《こせき》管理をさせたのですね。

これはまたキリシタン弾圧の一環でもありました。人々をお寺に所属させ、その人々がキリシタンでないことの証明をお寺に出させたのです。これを「寺請《てらうけ》制度」というのですが、そうすることで地域の人たちは全員お寺とつながります。上では本山がしっかりしていて、下へと縦にお寺がつながっていく。そして、その本山を、寺社奉行が統轄《とうかつ》する形で江戸幕府が全国の寺院と人々を網羅《もうら》的に把握する制度が作り上げられました。禅宗についても、ここで初めて曹洞宗と臨済宗それぞれのなかで縦割りがきちんとできたのです。

——で、黄檗宗《おうばくしゅう》は？

黄檗宗はもっとあとです。江戸時代に入って中国の明《みん》から隠元隆琦《いんげんりゅうき》（一五九二—一六七三）がやってきて京都の宇治に萬福寺《まんぷくじ》を開いたのですが、そのときは「臨済正宗《しょうしゅう》」、つまり臨済宗の正しい宗派と名乗っていました。そこで臨済宗から反発を食らいます。臨済宗と曹洞宗が縦割りになったところに新しい宗派が入ってきたので、自分たちのアイデンティティを確立しようという流れがより強くなる。それで各々が歴史を見直すことになり、一層

隠元隆琦（1592-1673）黄檗宗の開祖。明の福建省で生まれ、1654年日本に渡来し、宇治に黄檗山萬福寺を創建した。その書は茶席の掛軸として珍重される。

縦割りがはっきりしたのです。

その段階では黄檗宗は独立しておらず、じつは宗名を称したのは明治時代です。今も「臨黄《りんのう》ネット」というウェブサイトがあるように、臨済宗と黄檗宗は一緒になっています。

——えっ、黄檗宗は臨済宗の一派なの？

臨済宗でいちばん大きいのは妙心寺《みょうしんじ》派なので、それより小さな宗派です。ちなみに、臨済宗には黄檗宗のほかに十四の派があります。

黄檗宗が禅宗のなかでも特徴的なのは、この世を浄土にするという禅浄一致の考え方をもっている点です。浄土宗は人が亡くなれば極楽に生まれ変わってそこで成仏できる、極楽浄土に呼ばれるのですが、黄檗宗は「念仏禅」を提唱し、「坐禅をすれば、この世が浄土になる」という考え方なんです。「己身《こしん》の弥陀《みだ》、唯心《ゆいしん》の浄土」——坐禅で阿弥陀《あみだ》を念じれば、自分の体と心すべてが阿弥陀さまであり、浄土になるのだというのです。

——坐っていれば、もう浄土なんだ。

そう、やはり極楽に行って救われるよりも、いまここで救われる方がいい、ということでしょう。

次章では、禅ではとても大切とされる「自己をみつめる」ことについてお話ししましょう。

第2章

自分をみつめるってどういうこと?

●本来無一物

――人が苦しむのは煩悩《ぼんのう》があるからなの？

六祖の慧能さんが「本来無一物《ほんらいむいちもつ》」ということを言いました。この言葉もいろいろな解釈がされますが、もともと「煩悩などはじめから何一つない」というところからきています。

いちばん優秀な神秀《じんしゅう》さんというお坊さんが、

「私たちの体は菩提を宿す木であり、私たちの心は美しい悟りの鏡を乗せる台である。だからそれはいつもきれいに拭《ふ》き清め、塵《ちり》や汚れがつかないようにしておかなければいけない」

と言ったのに対し、慧能が、

「いやいや、菩提には本来、宿すための木はない。悟りというきれいな鏡を乗せるための台も必要ない。もとから何も一つもないのだ。塵や埃《ほこり》という煩悩など一切存在しないのだ」

と答えたのです。煩悩として嫌うべき、悟りとして尊ぶべき、そのような抱え込むものは一切ないと。

――最初からない？　だったら「これ、煩悩だなあ」と悩む気持ちは何なの？

自分の仏としてのはたらきに気づけていない、本当の自分が見えていない状態だといわれています。難しいですが、そういうことなんです。

――じゃあなんで人が罪をおかしたり、人殺しをしたりするの？

だからそれは自分を見失っているから。六祖慧能の米搗きのところでもお話ししたように、自分のなすべきことを見つけ、それを行うところに本当の自分が現れる。それが見つけられていないから、迷い悩むことになる。

だからといって「自分のなすべきことは人殺しだ、私は仏として人を殺すのだ」ということにはなりえません。仏であれば、行動は常に考える、だったら同じ仏を殺さないでしょう。それをするのは自らを見誤っているからです。仏であることに気づいていない、悟っていないからです。悟りについては後でもお話ししますが、「知る」のでも「理解する」

のでもありません、「気づく」のです。だから、そのときはあっという間にやってくるのです。ゆえに「頓悟《とんご》」といいます（それに対して、体に付着した煩悩の塵《ちり》を修行によって払い落としていき、最終的に自分の本質を輝かせるという悟りの考え方を「漸悟《ぜんご》」、段階的な悟りといいます。禅の初期ではこれらは並存していましたが、いま日本では頓悟の流れのみとなっています）。煩悩という汚れを一所懸命に取り去ってピカピカの仏になっていくということではなく、最初から光り輝いていて煩悩のようなものはない。

ただ、自分自身が仏であることにほんとうに気づくということは、頭での理解だけじゃダメでしょう。そこなんですよ。それを具体的な行動にしたり発言したりするのは難しい。そのときそのときの判断で、すべきこととすべきでないことを自分で決めていかなければならない。そこで常に模索し続けることが修行であり、そこに自分の本来的なあり方があらわれるんです。

――その「自分の本来的なあり方」が〝表現〟っていうことなの？

そういうことです。

常に模索し続けることが修行であり
そこに自分の本来的なあり方があらわれる

●「心」って？——「直指人心」「見性成仏」

禅の特徴として、とくに臨済禅では「直指人心《じきしにんしん》」「見性成仏《けんしょうじょうぶつ》」ということがよくいわれます。「直指人心」は、師匠が「お前の心こそが仏だよ」とずばり指し示し、「見性成仏」は、そう言われた人が、自分の本質とは何かを見出すことによって仏となる、つまり悟るという意味で、対《つい》で使われます。この言葉は『楞伽経』にあり、江戸後期の臨済宗中興の祖といわれる白隠《はくいん》さんがたいへん好みました。

この「心」とか「性」というものは禅では、けっして特別なものではないとされています。

白隠（1685–1768）臨済僧。名は慧鶴。15歳で出家。修行中に遠方の鐘を聞いて大悟したとも伝えられる。

前にもふれましたが、中国禅宗八代目にあたる馬祖道一《ばそどういつ》が「即心是仏《そくしんぜぶつ》」、つまり「私たちのありのままの心が、そのまま仏としてのあり方を示している」と言ったのです。

この言葉については、次のような逸話が残されています。大梅山《たいばいさん》の法常《ほうじょう》禅師という人が馬祖に初めて会ったとき、こう尋ねました。

「仏とはどのようなものでしょうか」

馬祖は答えます。

「ありのままの心こそが仏だ（即心是仏）」

その一言を聞いた法常は悟りを得て、自らの行くべき方向を理解しました。そして大梅山の山奥で三十年以上、修行を続けたといいます。のちに馬祖は彼の心境を確かめるため、弟子のひとりをつかわして、わざと彼に「非心非仏《ひしんひぶつ》、心でもなく仏でもない」と正反対である全否定の言葉を投げかけさせますが、法常は揺るがずに「師匠がなんと言おうと、私は即心是仏でいく」と一切ぐらつくことがなかったといいます。まさにこれが「仏としての心」ということになるのでしょう。

禅ではこのように、私たちの心のはたらきそのものが仏なのです。たとえば「唯識《ゆいしき》」（一切の存在はただ自己の識＝心がつくり出した仮のものと説く仏教の学説）では、慮知心《りょちしん》（喜怒哀楽の心）はあくまで日常の煩悩のはたらきとして否定されています。それ以前の世界の本質の心とは別に、私たちには喜怒哀楽する慮知心があって、それは仏としてのあり方ではないというのです。それをそのまま仏ですよ、というのが禅宗です。

――心にもいろいろある？

いろいろな分類の方法があります。大切だけれどもとらえにくいものだからでしょう。いちばん大きく分ければ、判断したり思索したりする心、いわゆるふだんの心で慮知心、縁慮心《えんりょしん》などと呼ぶもの、一方で、自分の本来のあり方を示す本質的な心を真心とか菩提心と呼びます。一般に、この内在的な素晴らしい本質は感覚器官のはたらきとは別とされるわけです。それを一緒とみるのが禅宗の思想なのです。

●自分はすでに仏――「縁起」と「空」

――ひとつのものについてとらえ方がさまざまでも、同じ仏教なんだ。

共通したところはもちろん多くあります。仏教では、すべてのものは固定的な実体はなく、ほかのものとの関連性によってそこに形づくられている、基本的に生まれてくるのも、なくなるときも「縁起《えんぎ》」であると考えます。単独で生まれたり、単独でなくなるものはない。必ずまわりからの影響があり、まわりに影響を与えている。独立して物体として存在するものはない――それが「空《くう》」ということです。

――なんにもない⁉

なにもないわけではありません、すべては関連しあい、変化しながら〝ある〟ということなのです。すべて変化していくでしょう。確固として何億年も同じであり続けることはない。後に紹介する「青山常運歩《せいざんじょううんぽ》」という言葉も示すように、不動にみえる山でさえ、じつは動いているのです。四季の移ろいのなかで見え方が変化しているでしょう。

――諸行無常っていうことなのかな。

そうですね。そこにおいて、禅では仏を外に求めるのでなく、自分自身が仏であることに気づきなさいといいます。

――どういうこと?

禅の伝承では、釈尊が悟りを開かれたとき「我、大地と有情《うじょう》と同時成道《じょうどう》す」、つまり「私が悟りを開いたことによって、私と大地の生きとし生けるものすべてが仏となった」と発言された、というのです。

――自分と一緒にみんなも仏になっちゃったの？

はい。禅はそれにもとづいて「この世界はすべてが仏としてある」という論拠にしています。ただ、そのように言われはじめたのは慧能さんの時代からで、それを釈尊まで遡って定義づけたことになります。

「洞山《とうざん》麻《ま》三斤《さんぎん》」という有名な禅問答があります。十世紀、双泉師覚《そうせんしかく》という僧が、禅僧の洞山守初《しゅしょ》に質問します。

「仏とはどのようなものですか」。

それに洞山が答えます、「重さ三斤の麻布《あさぬの》だ」。

これを聞いた双泉いわく「そうか、だから南方には竹藪《たけやぶ》があり、北方には森があるのか」。

――ぜんぜんわかんない。

いろいろな解釈がなされてきた問答です。でも双泉はどうやら納得しているようで、「麻三斤」という答えに隠された意味が自分なりに理解できたということでしょう。隠された意味というのは、「麻」は麻布、三斤は僧侶の着る袈《け》裟《さ》一領ぶんの重さと言われているのです。

——まだわかんない。

仏とは袈裟一着ぶんの麻布だという、あなたは袈裟を身

コラム 盤《ばん》珪《けい》の不《ふ》生《しょう》禅

江戸時代の臨済僧、盤珪（一六二二—一九三）は庶民に広く「不生禅」を説きました。人間には生まれながらに「不生の仏心」が備わっていて、それは後で生じたり、消えてしまったりするものではないというのです。「不生」というのは、何も生まれないことではなく、すべて生まれきっていること。もうこれ以上なにも生まれないから「不生」なのです。だから、また外に求めて得られるものでもありません。盤珪の禅のおしえとは、その人その人が「不生の仏心」を自覚すること、迷わない仏心に各自が目ざめることに尽きたのです。何ものも超越した清らかな、親がうんでくれたままの無垢《むく》な仏心をもってすれば、すべてのことがうまくととのうものであるといいました。

にまとっているでしょう、お袈裟はお坊さんを意味しますので、だったらあなた自身が仏ですよ、と答えた。二段にひねっている解釈です。つまり、他者に仏とは？　と尋ねたその人自身が仏としての存在なのだ、と遠回しに気づかせようとしたというわけです。

――めちゃまどろっこしい！

答えが象徴的すぎるとも言えて、だからさまざまな解釈をさせてしまうかもしれませんね。じつは、この問答には「麻三斤」を麻の実とする解釈もあります。これは「どこにでもあるもの」の代表だというのですね。そうなると、この答えは、「仏という特別なものを想定してはいけない」という意味になります。

この解釈はいまは主流ではありませんが、このようにいろいろに自分なりの答えを考えさせるのが禅問答ですから、これはよい具体例でもあります。

――「みんな自分自身がすでに仏である」と言っているのは禅だけ？

日本の天台宗の「本覚《ほんがく》思想」も似たような考えです。「本覚」というのは衆生《しゅじょう》に本来そなわっている清浄な悟りの智慧であり、修行によってそれを明らかにすると言っています。

●執着をなくすには

――煩悩なんてないってさっき言ったけど、じゃあ人はなぜ苦しむの？

お釈迦さまはこの世は「一切皆苦《いっさいかいく》」と言いました。まず、誰もが「いつかは死ぬ」という事実からは逃れられない。そのように自分の思いのままにならないことが「苦」です。そしてそれを予測することができるから辛くなる。ただ生きるため、という動物の縄張《なわば》り争いみたいなものも欲かもしれません。でもそれは種《しゅ》の保存が目的です。人間の場合は社会的、組織的な名誉欲が大きい。それが本能的な原則とは違うところで機能しているので、いろいろなところで苦しく感じることになるのではないかと思います。

――でも、子どもだって苦しむよね。

やっぱり本能的に死への恐怖はあるでしょう。見えていないこと、わからないこともたくさんあるでしょうし。たとえば暗いところが何となく恐い、という感じ。自分の部屋であっても、見えないことで不安がめばえるじゃないですか。小さな子ほどそれは大きいですよね。それと、やっぱり誰かにたよらないと生きていけない中で自分のことを認めてもらいたい、という葛藤《かっとう》も苦につながると思います。

――無視されたくない?

承認願望はありますね。それぞれ「我」があって、わざと反抗する子が必ずいます。怒られたいのでしょうか、怒られること自体は嫌なのに、かまってほしい。
また、人より上に立ちたい願望はとりわけ子どもは大きいと思います。それもがんばって自分が上に行こうというより誰かの足を引っ張るほうが楽なので、そちらに傾きやすい。これは大人も一緒ですかね。さびしいメンタリティーですが。

――それで苦しんじゃう?

いいえ、そこでは苦しまずに、満足感や達成感を得てしまう。だから相手も同じことをやってくる、そうなると人間関係がギスギスして苦しくなるんじゃないでしょうか。人がいろいろなことに執着するのも、欲があるからでしょう。独占欲、食欲、名誉欲、金銭欲……すべてそうです。

――欲や執着をなくすには、禅としてはどうしたらいいの？

自分をみつめること、そして皆で生きる、という意識をもつことですかね。

――修行すれば、欲や執着はなくなるものなの？

なかなか難しいですが、必ずその無意味さへの気づきにはなると思います。道元さんは「身心がおしえで満たされていないときほど満足感があり、充足しているときにはどこか足りないと感じるものだ」と言いました。生きているかぎり現状に満足せず、迷い続け、自分をみつめ続けなさいと。だから悩んでいいのです。環境が変化するなかで自分の立ち位置を模索し続けることがほんとうの意味での〝安定した生き方〟である、ともいえるのです。

身心がおしえで満たされていないときほど満足感があり
充足しているときにはどこか足りないと感じる

●自己をみつめる

――ところで、自分をみつめるって……どういうこと?

臨済宗ではよく「己事究明《こじきゅうめい》」といい、曹洞宗では「本来の面目《めんもく》をみる」といいますが、目指すところは同じ、ようするに自分を知ることです。ずばり禅の智慧は、と問われれば、「自己をみつめる」ことによる徹底的な自己把握でしょう。

「脚下照顧《きゃっかしょうこ》」という禅語があります。「足元をみよ」、他人のではないですよ、自分の、つまり自己を確立せよということです。そこにおいて臨済宗では「これを考えなさい」と「公案」が課題として出されます。臨済宗で参禅といえば「お師匠さんと問答を交わすこと」です。かたや曹洞宗では固定された課題として禅問答を考えることはしません。参禅をイコール「坐禅」ととらえます。『正法眼蔵《しょうぼうげんぞう》』「坐禅儀《ざぜんぎ》」の巻は、坐禅の方法と心がまえについて書かれたものですが、その冒頭に「参禅は坐禅なり」とあります。坐禅に公案を持ち込むか持ち込まないか、坐禅中だけでなく、日々の生活の中で公案を考えるのが臨済宗であり、考えずに「ただ坐る」のが曹洞宗なのです。

――どっちを選んでもいいの？

どちらでも自分に合った方を選べばいいのです。いろいろ学んで、自分の行き方を決める。それが先ほど言ったように「弟子が師を決める」とされているゆえんです。

また、どちらがすぐれているといったことではありません。方法論が異なるのです。中国禅では古くに、生活全般を重視する馬祖道一の「雑貨舗《ざっかほ》」といわれる派と、坐禅を重視する石頭希遷《せきとうきせん》の「真金舗《しんきんほ》」といわれる派の二つの流れができましたが、勢力的に大小はあってもお互いに相手を否定することはありませんでした。むしろ、両方を学んで自分で選ぶことを勧めていたのです（雑貨舗は「さまざまな品物を売る店」、真金舗は「純金を商う店」を意味していて、十世紀に記された『祖堂集《そどうしゅう》』という燈史に載る言葉です）。

もし修行を志すなら自分にどちらが合っているか。やってから決めればいいんです。日本でも昭和初期ぐらいまでは曹洞宗と臨済宗の両方に参禅される方が多かったようで、曹洞宗大本山永平寺の七十八世貫首《かんじゅ》、宮崎奕保《えきほ》禅師は臨済宗の道場でも修行されています。

いずれにしても『碧巌録《へきがんろく》』（宋代に成立した公案集）に「迷己逐物《めいこちくぶつ》」（自分を見失って物を追い求める）という言葉があるように、「世間に振り回され、主体性や落ち着きをなくしてい

ほんとうに自分をみつめれば どこが足りないかも見えてくる

るときこそ物を追うのをやめ、自分自身をみつめなさい」という。心が波立ったときはつい本質的ではないところに行きがちですから、自分をみつめる必要があるのです。

――なるほど、いくら迷ってばかりでも、私も仏なのだった……。

私は私でしょう、足し引きなく。それが自分をみつめるということです。仏はどこにあるか？「ここにある」というのが禅。ほんとうに自分をみつめれば、どこが足りないかも見えてきます。また自分が仏であれば、まわりの人も仏としてみなくてはいけなくなる。自分を最大限に評価するということは、まわりの人も最大限に評価することです。仏も統一的なものでなく、それぞれに異なった形があります。個々の違いを認めながら最大限に評価していくのが自分をわかるということです。

●心を持たないもの（無情）が教えてくれる

――自己をみつめるには、具体的にどうするの？

臨済宗では自分自身の絶対性を見ていきます。曹洞宗では、逆に、周囲の世界をすべて肯定的に見ていきながら、そのなかの自分自身の位置を確認していきます。世界をみて、自分をみる。臨済禅は、臨済義玄《りんざいぎげん》（?―八六七）が言うように世界全体を自分に取り込んで自分だけになる。それに対して、鏡に自分の顔を教えてもらうのが曹洞禅。ですから世界や周囲は自分を教えてくれる師匠であり、すべてが仏法を語ってくれる存在です。

――どういうこと？

「はからい」のないもの（心がないから、利己的な判断をしない無機物）が仏を語る、無情のものが語ってくれる、「無情説法」というのはそういう意味です。例を挙げてみましょう。

僧「古仏の心とはどのようなものでしょうか」
慧忠《えちゅう》国師「垣根《かきね》や壁、瓦礫《がれき》などである」
僧「垣根や石ころは、無情（心をもたない存在・無機物）ではありませんか」
国師「その通り」
僧「それが説法できるのでしょうか」

国師「常に熾《さか》んに説いていて休《や》むことがない」
僧「私にはどうして聞こえないのでしょうか」
国師「君が自ら聞いていないからだ。他の者が聞くことを妨げてはいかんぞ」
僧「では、いったいどのような人が聞くことができるのでしょう」
国師「諸聖（もろもろの聖人）だけが聞くことができる」
僧「和尚さんには聞こえていますか」
国師「聞こえていない」
僧「和尚さんに聞こえていないのでしたら、いったいどうして無情が説法できると知っておられるのですか」
国師「私に聞こえていないのが幸いなのだ。もし聞こえていたら、諸聖と同じとなる。君は私の説法が聞けなくなってしまうではないか」
僧「だとすれば、衆生との区別がなくなってしまいます」
国師「私は衆生のために説いているのであって、諸聖のために説いているのではない」
僧「衆生が、（無情の説法を）聞いた後はどうなりますか」
国師「衆生ではなくなる」
僧「無情の説法はどのような経典に説かれているのでしょうか」

国師「それは明確である。経典に具《そな》わっていない言葉は、君子の説くべきものではない。君は知らないのか、『華厳経』に、「国土が説き、衆生が説き、三世《さんぜ》（過去・現在・未来）の一切の存在が説いている」とあるではないか」

自分自身を確立するのに、人がいろいろと言うことには作為が入ってきます。そうではない無情の鏡に自分の顔を映したときのように、返ってくるものをしっかりと受け止めることによって自分を見出す、ということはとても大事です。「眼処聞声《げんじょもんしょう》」（眼で声を聞く）という言葉もそのことの大切さを言っています。

――眼で聞くの？

そうですね。ちょっと変に聞こえるかもしれません。その説明の前に洞山と雲厳の無情説法を見てみましょう。最初は先ほどと同じです。

洞山「無情の説法とは、どのような人が聞けるのですか」

雲厳「無情の説法は無情だけが聞くことができる」

洞山「では、和尚さんは聞くことができますか」
雲厳「私がもし聞けたら、君は私の説法を聞くことができないのだ」
洞山「もしそうであれば、私は和尚さんの説法を聞けないことになってしまいます」
雲厳「君が私の説法を聞けないというのなら、いったいどうして無情の説法を聞くことができよう（できるはずがない）」
洞山はそこで偈《げ》（漢詩）をつくり、雲厳に示しました。
「なんとすばらしいことか／無情が説法できるとは不思議なもの
もし耳で聞こうとしたら声は現れぬ／眼で声を聞いて初めてわかる」

ちょっとわかりにくいかもしれませんが、洞山は、雲厳と交わした問答の理解が概念的なもので、まだ完全に自分のものにしたとは感じていなかったのです。そして師匠が亡くなってから行脚《あんぎゃ》に出たときのこと。大きな川を渡りながら、洞山は突然大笑いをはじめたというのです。というのも川面《かわも》に映ったおのれの姿を見て、「無情の説法」を完全に理解できたからでした。「川（の水）」は無情ですが、それが自身の姿を映し出しています。その「説法」によって、彼は眼で見て自身の姿を把握したのです。はからいのない、まわりにある無機物が、自然に移ろい、また、自分との関連のうえでさまざまにその様相を変えていくことを感じ取る、そのなかから自分に見えていなかった自分を教えてもらうことができたのです。

――川が教えてくれた？

現代におきかえると、私たちは鏡を毎日覗き込みますが、鏡そのものを見ているのではありませんね。見ているのは鏡に映る自分です。自分の顔は、自分ではけっして見ることはできません。その「見ることのできないもの」を鏡という無機物が正直に映し出してくれる、それを見ることによって、私たちは初めて自分を認識できる。無情が説法をし、それを聞く、というのはそういうことです。

――だから、眼で聞く……。

眼だけではなく、すべての感覚器官についても同じです。五感すべてが、周辺のことがらを照らし出してくれるものを受け取るのです。その悟りを洞山はふたたび詩をつくって表現しました。

「もっともいけないのは外に求めること／はるかに自分から離れてしまう
私は今、独りで行くけれど／いたるところで『彼』と会う
『彼』は今まさに私だ／しかし、私は今、『彼』ではない
このように理解しなければならぬ／それでこそありのままの世界と一つとなれるのだ」

仏法は基本的に自己の外には求められません。でも自分自身を知ることは、内側に向かって思索することだけではないんですね。私たちをとりまく世界に自分を投げかけ、そこから返ってくる答えをしっかりと受け止める、そうすることでも自己は把握できるのです。

――ジコチューになるのを戒めてくれる感じもする。

●他力と自力――「現成公案」のこと

――「自力」と「他力」ってよく聞くけど、自己を見つめ絶対視する禅は「自力」なの？

そうですね。ただし、先に少しふれたように黄檗宗は念仏禅といって、阿弥陀仏を念じます。でもそれを自分に内包させるというか、やはり自己を中心にしています。

ですが、最近はあまり「自力救済」という言い方はしなくなっています。自己を確認し、表現するものだから「自己の確立」とか「自己表現」のおしえだと。とはいえ人間は弱いものですから、いくら自力といっても、禅宗でも一人でやるものではありません。

道元さんが『正法眼蔵』の「現成公案《げんじょうこうあん》」で次のように述べています。ちなみに「現成」は目の前にありのままに実現していること、「現成公案」で「自然のままに完成されている公案。常に一切の上に仏法が現れていること」のような意味です。

「仏道をならふといふは、自己をならふ也《なり》。自己をならふといふは、自己をわするるなり。自己をわするるといふは、万法《まんぽう》に証《しょう》せらるるなり。万法に証せらるるといふは、自己の身心および他己の身心をして脱落せしむるなり。悟迹《ごしゃく》の休歇《きゅうけつ》なるあり、休歇なる悟迹を長長出《ちょうちょうしゅつ》ならしむ」

――自己をならうことが、自己を忘れること？

難しくて皆さんここで止まってしまうんです。一般的には仏道とは無我の境地になることである、と解釈されます。

――ちょっと質問。仏道と仏法はどう違うの?

どちらも仏陀のおしえのことですが、仏道には、歩むべき道、方向性のニュアンスが含まれることが多いですね。仏法の「法」は、真理そのものです。「道」は具体的な所作、作法などの実践を含むことになりますね。

――じゃあ仏法に違いはなくて、仏道になるとさまざまに違いが出てくる?

基本は同じですが方法論になると違いが出てきますね。山の登り方はそれぞれで、崖《がけ》をまっすぐ登る人もいれば迂回《うかい》する人もいるし、ヘリコプターに乗る人もいれば、ケーブルカーとか、いろいろです(笑)。

話は戻って、「仏道とは無我の境地になること」でとどまらず、「万法に証せらるるなり」

というところまで行かないとだめなんです。おれはこういうものだと主張せず、自己をなくしなさいというところからさらに進んで、でも忘れるというのは自分がいなくなることではなくて、周囲から自分の存在を証明してもらうことだというのです。

――さっきの「鏡」とか「縁起」ってこと？

そうです。自分の顔は鏡が教えてくれる、自分の骨伝導《こつでんどう》でないほんとうの声は、テープレコーダーを聞いて「ああ他の人にはこんなふうに聞こえているんだ」とわかる。それが「万法に証せらるるなり」ということだと私は考えています。禅には没蹤跡《もっしょうせき》（残された跡形がまったくない。分別や執着を離れ、かたよらず、こだわらず、とらわれない生き方を無心に行う）という言葉があります。自分の跡形を一切なくせということです。

――幽霊みたい。

いやいや、そんなことはありません。やみくもに自己主張することなく、それでもしっかり自分は「いる」。じゃあ何のこだわりもなくて自分が存在するとはどういう状態か？

まわりと一体となって自分がそこに存在していることです。禅では自己をしっかり出す。自分自身のあり方をしっかりもつ。自己を中心に自分自身の存在は前提になっていながら自己を忘れるというのは、自身だけの判断で自己存在を規定するのではなく、まわりに規定してもらって自己をつくりあげていくということです。「君ってこういう人だよね」とまわりから聞いて、ああ自分というのはこういう人間だったのだと。

——主体性がない感じじゃないの?

最終的に判断する、組み立てるのは自分ですから。人に「君はこうだ」と言われて「違うよ」と言いたくなる。そしてもがく、それを繰り返して続けていく。自分探しの旅ってそんなものなのではないでしょうか。

——いつまでも見つからないかも。

かもしれません。またいったんは見つかったとしても、この瞬間の自分は自分であっても、もう次の瞬間は違う。だから結局、ずっと探し続けることになる。

――現成公案は永遠に続く……。

はい、永遠の今です。この瞬間、この瞬間しかない。終わらないんですよ。わからないならわからないなりに、投げ捨てないで悩み続ける。それがそのときそのときの自分の確認であり、それを続けることが自分の証明なのです。

――やっぱり悩み続けていいんだ。

はい。では次に、厳しい印象がある禅の修行について見ていきましょう。

第3章

修行ってどんなことするの？

●修行とは何か？

――今さらだけど、先生は禅を「信じている」の？

そうですね、自分を確立するおしえとして。また曹洞宗のおしえを興した道元禅師を無条件に信仰するというより、人として尊敬しています。そしてその境涯に少しでも近づきたいと。

――なぜ？

禅のおしえにもとづいて、とてもすばらしいおしえを遺《のこ》してくれたから。それは、禅の思想と実践を構築しきったものだと考えています。自分はなぜ生き続けなければいけないのか、禅的な発想として「仏として生き続けていく」とはどういうことか、その疑問に対して考え続け、やはり「坐禅をしなくてはいけない」というところに辿りついた。なぜ坐禅を続けるのか、修行を続けるのかという疑問に、しっかりと定義を構築したと思うからです。

――なぜ道元さんは、そんなことができたの？

禅のおしえを中国でしっかり学ぶことができたからでしょう。

まずは中国での老典座《てんぞ》との出会いが大きかったと『典座教訓』の中で語られています。典座とは禅寺で修行僧の食事などをつかさどる役割です。二十四歳で宋に渡るため博多を発った道元さんは、寧波《ねいは》の港で入国許可がおりるまで三カ月間、乗ってきた貿易船のなかで過ごしていました。そのとき阿育王山《あいくおうざん》（中国禅宗五山の一つ）から老典座が船に食材を買いに来ます。道元さんは中国の禅にふれるいい機会だと声をかけました。少し会話を交わしたあと、買い物を終えてすぐに帰るという老僧を、道元さんは引き止めます。

「今日、期せずして貴兄とお会いすることができ、こうしてお話しできたのはとてもよい出会いでした。あなたをご招待したいと思うのですが」

しかし典座は、

「明日の端午《たんご》の節句は私が管理しなければ、きっとうまくゆきませんので」

と辞退します。それでも道元さんは、

「阿育王山ほどの大きなお寺でしたら、他に誰か人がいるでしょう。あなた一人いなくても大丈夫ですよ」

と促すと、典座は、

「私は年老いてから典座の職にあてられ、最後の弁道《べんどう》修行（仏道修行に精進すること）だと思っています。いったいどうして他人に譲ることができるでしょう」

との返事。道元さんはいぶかって、

「典座さまはずいぶんお年を召しておられます。どうして、坐禅をしたり古人の語録を読んだりせず、煩わしく典座の雑務などをひたすらしておられるのですか。それでどんなよいことがあるというのですか」

と尋ねました。すると典座は大笑いして、

「外国から来た熱心なお方、あなたはまだ弁道修行のなんたるかもわかっていないし、文字というものも知り得ていないようだ」

それを聞いて道元さんは、驚き恥じ入ったといいます。そして、

「では、文字、弁道とはなんですか」と尋ねると、典座は答えます。

「もしその質問したところをこれから踏み外さなければ、必ずそれを理解する人となるでしょう」

このとき、道元禅師は本場中国で学ぶことに大きな希望を懐いていました。そしてそれは、禅の語録や燈史を読み、坐禅をすることだと考えていたので、この老典座の「修行として典座（料理当番）をする」という考え方を理解できなかったのです。それゆえに「あなたは文字を学ぶということも修行ということも理解できていない」と切り返されてしまった。道元さんはショックだったでしょう。そこで素直にその何たるかを尋ねると、「そこを踏み外すな」という答え。これは、「修行とは何か。学ぶべき文字とは何か、ということを問い続けていれば自ずから見えてくるであろう」ということ。答えを直接示さず、それは自分で探しなさい、という極めて禅的な指導でした。

――最初の洗礼……。

ではもう一つ、道元さんが天童山《てんどうざん》（これも五山の一つ）で修行していたときの別の老典座との会話を見てみましょう。杖《つえ》を持ち、笠も被らず仏殿の前で海苔《のり》を干していた用《ゆう》典座のそばを通りかかった道元さんが、強い日差しの中で汗を流しているようすを見て、歳を尋ねます。すると「六十八歳です」との答え。そこで道元さんは、「どうして下働きの者を使わないのですか」と尋ねます。

用典座「彼らは私ではないからです」

道元「ご老僧は規則のとおりに仕事をされていますが、このように暑い日にどうしてそこまでなさるのですか」

用典座「今やらないで、いったいいつやるというのでしょうか」

道元さんは言葉を継げませんでした。自分の修行は人まかせにできない。いまを逃すこともできない。切迫した思いが伝わってきます。ところでこのフレーズ、（予備校講師でタレントの）林《はやし》修《おさむ》先生が言う「いつやるか？ 今でしょ」とよく似ていますよね。「いま」の大切さをいうこの言葉がいまもって生きているのは、そこに時代をこえた意義があるからではないでしょうか。こうして道元さんは、典座という役職は力量ある修行者が担うものだということを理解したのです。

――年季が入った老僧の言葉に目覚めた？

この二つの体験は、道元さんの修行に対する考えを大きく転換させたと言われます。食材の買いつけも、海苔を干す作業も、それまで道元さんは修行だとはとらえていませんでした。老典座に「自分の修行を自分でしないでどうする」と言われ、日常生活がすべて修行なのだということ、仏法を学ぶこととは直結していないように見えることもおろそかにすべきではないのだと気づいたのです。一所懸命に語録を読んだり、経典を勉強して学術的な研鑽《けんさん》を積むことだけでなく、日々のあり方すべてが大切であるということを理解したんですね。

――修行にみえない修行に気づいたんだね。

●師の大切さ

生活すべてが修行でありながら、それを続けるなかで、自分のあり方として「これが私の表現なんだ」とわかる――それが道元さんには「坐禅」だったのだと思います。もちろんそれまでに紆余曲折《うよきょくせつ》があり、最終的に如浄《にょじょう》という師匠に出会って、ただ坐る、「只管打坐《しかんたざ》」に行き着いたということです。それには如浄がきちんと相手をしてくれたことが大きかった、あれこれ質問をしてくる道元に丁寧にこたえてくれたことがよかったんです。

——師匠が大事なんだ。

それはもう。「弟子が師匠を選ぶ」と先にも言いましたが、禅宗では「以心伝心《いしんでんしん》」というように師匠と弟子の関係をたいへん重視していて、道元も「正師《しょうし》を得ざれば学ばざるにしかず」と、正しい師匠に巡り合うことの大切さを強調します。「以心伝心」というのは「ほんとうのおしえは心から心に伝わる」という意味です。師と弟子の心がほんとうにひとつになること。それは同時に弟子の心境が独りよがりでないことを師が証明することでもあります。それを確認するツールは文字や言葉だけではありません。あらゆる方法を考えて確認しあうのが禅なのです。あとでお話しする答えのない問答もその一つなのですが、もっとも大切なのは相手の気持ちを慮《おもんぱか》ることです。

——そうはいっても、いい師匠にどうやって巡り合うの？

探すしかないです。禅の場合は「有名な師一人につくな、反対の師にもついてから決めろ」といい、足で稼《かせ》ぐというか、いろいろな人のところに行くんです。

——でもこの人だ、という師に出会えるかどうかは、運もあるのでは……。

たしかに運があるかもしれませんね（笑）。私はいい先生にお目にかかれましたが。でも受験と同じで、運を呼び込むのは努力ではないでしょうか。メーテルリンクの『青い鳥』です。このお話では、必死で旅をして探し回った幸せの青い鳥が、気がつくと家にいたというもの。じゃあそれまでの努力はすべてムダだったのかといえばそうではない、一所懸命に旅をしたからこそ自身の家に青い鳥がいたことがわかる。じっと何もしないでいればいい、ということではありません。

きっかけとなる動き、最初の一歩がとても大切

禅に「華開世界起《けかいせかいき》」という言葉があります。冬枯れの野に梅の花が咲くと、その後の春を予感させるでしょう。周囲はまだ冬景色でも、もうそこが春、と思えれば安らぎにもなります。何もしなければ何も起こりません。でも一つの花が開いた瞬間にその世界が動きはじめます。そのきっかけとなる動き、最初の一歩がとても大切なのです。それは特別なものであったり、ことさらすぐれたものである必要はないのです、動き出すことが一つの表現になる、そこがまず大事で、さらにその気持ちを常にもち続けていこうという、きびしくも動的なおしえが禅の修行の基本になります。

ただ、どんなおしえも自分自身の人生にあてはめて必要としたときにはじめて自分のこ

として主体的に受け入れられるようになるものであることも事実ですね。そうならないうちは単なる教科書的な知識にとどまる。

まあ、ありていに言えば悩みが生まれたときに、はじめて必要になってくるということ。これは禅に限らず宗教や哲学一般に言えることかもしれませんが。

――悩んでいない相手を教えるのも悩ましそう。

確かにそれはほんとうに難しい。人を指導するヒントになる禅語に「啐啄同時《そったくどうじ》」があります。悟りを得ようとしている弟子に、師匠がすかさずおしえを与えて悟りの境地に導くことを言いますが、子育てなどにも有効です。卵からひな鳥がかえろうとしているとき、親鳥が外から手助けをしてあげる、そのタイミングがピタリと一致していることをいいます。ガンガン叱ってばかりだと効果はありません。やはり相手を思いやり、タイミングを見計らって叱れば子どもは受け入れますよ、というわけです。

ついでにお話しすれば、「老婆心切《ろうばしんせつ》」も、師匠が弟子をどう指導するかという話です。「老婆心」は余計なお世話といった意味に使われることが多いのですが、もともとは臨済義玄が師の黄檗希運《おうばくきうん》から打ちすえられたことを、大愚守芝《だいぐしゅし》という人が評価した言葉です。

大愚さんは黄檗の友だちで臨済さんが打たれて悩んでいたところを「そこまで懇切叮嚀《こんせつていねい》に指導してもらって何を悩んでいる」と一喝《いっかつ》したのです。この「懇切叮嚀な指導」が老婆心です。といっても棒で打たれたのですから、臨済さんはさぞかし痛かったろうと思います。

じつは臨済さんは、この指導で悟りを開いたのですが、それを師に説明するとき、なんと師の横面に平手打ちを食わせたのです。このように禅の修行においては、ときには弟子が師を叩くこともあったのです。まあ、ほとんどの場合は師が弟子を打ちますが。道元の師である如浄にしても、坐禅のときに居眠りしていると履物《はきもの》で打ったりしたようです。といってもやみくもに打つのではなく、ときにゆるやかに導きました。「把住放行《はじゅうほうぎょう》」という言葉もあって、把住は「とらえる」、つまり首根っこを押さえつけて弟子の自由を許さずに教えること、放行は好き勝手にやらせること、その両方のバランスをどうとるか、極端な方針を慎《つつし》んで相手の適性や時期に応じた教育をする――それが禅的な指導なのです。

――如浄さんは道元さんを、いいバランスで指導したってこと？

『宝慶記《ほうきょうき》』という道元禅師の手記を見るとかなり親切にしてもらっていたようです。個別の面談なども頻繁に行っていました。でも坐禅となると、とても厳しく、時にはげしく叱ることもあったようです。

――いずれも愛の鞭《むち》？

そうですね、ここは手をさしのべてはいけないと判断すればあえて突き放す。手を貸してあげないといけないときはさしのべる。師匠だけでなく、先輩が口出しをしてくれるのも、修行道場ならではです。

●二人の師

――先生がいい師匠に巡り合えたというのは？

はい、お二人。学問上でおしえを頂いたのは鏡島元隆《かがみしまげんりゅう》先生（一九一二―二〇〇一）です。大学院に入ってから、今の私の学問の方向性は、ほぼ鏡島先生の方法論にもとづいています。手取り足取りという形ではありませんでしたが、授業は一対一の演習形式でしたので、必死でやり方をおぼえたものでした。その内容が『永平広録《えいへいこうろく》』（道元著）で、そこから私の研究生活が始まりました。最初の論文もそれが題材だったのです。当時は『永平広録』についての論文が、あまり多くなかったのです。なぜだろうというのが、それに取り組むきっかけになりました。そこで身につけたのが鏡島宗学という新しい研究方法です。それは中国の原典をしっかり読み、その意味をきちんと理解してから道元禅師がそれをどう使ったのかを考えるというものでした。

――原典に返れ？

そう、『正法眼蔵』だけを見ていればいいというのではない、元に戻ってもう一回見直す。それがじつは今、コンピュータの発達で元に戻ることが簡単になったこともあり、道元研究だけではなくいろいろなところで中心的な研究方法になっています。私は大学院に入った頃ちょうどコンピュータを始めましたので、非常に大きな影響を受け、以来ずっと続けています。ですので、自分の研究の道づけをしていただいたと思っています。

――どんな人だったの？

小柄で穏やかな、あまりものを言わない先生でした。でもこつこつとご自分の研究をされていた。駒澤大学の総長になられたのですが、法人運営にはとんと興味がなく、本ばかり書いておられました。学位論文でこの方法論を提案した当初は、このような出典探しだけでは宗旨《しゅうし》の研鑽《けんさん》にはならないだろうとの批判もあったと聞きます。それでも自分の道を信じて続けられ、いわゆるアカデミックな場へとご自分の学問をもっていった、そのご指導を直接に受けられたのは幸運でした。物静かでも、学術的研究には高い情熱をもっておられました。

――学生とご飯を食べたりお酒を飲んだり？

お酒を飲まれないし、そういうことはされなかった。接するのは授業ぐらいでしたが、先生がいなければ私は論文を書くどころか、『永平広録』の研究をはじめることもなかったでしょう。今は『正法眼蔵』や海外の禅についても書いていますが、ともかく道元禅から浮気をしないと決めて進んできました。私がアメリカでの在外研究から帰ったとき、真っ先にご報告に行こうと思いましたが、その直前に亡くなられたのが残念です。

――先生の後ろ姿を見て学んだ感じ？

そうですね。引っ張り上げてはくれませんでしたが（笑）。私も縛《しば》られるよりよかったと思います。そういう意味ではもうおひと方も同じです。

――というと？

小坂機融《こさかきゆう》先生（一九三二―二〇一九）です。駒澤大学の名誉教授で、泉岳寺《せんがくじ》のご住職でもありました。私はその親子関係にあるお寺に生まれたんです。

禅宗では師匠に三回つきます。お坊さんになるとき、法戦《ほっせん》（修行僧の筆頭である首座《しゅそ》と修行僧たちとで激しい問答を行うこと）のとき、そして嗣法《しほう》（法統を受け継ぐ）のとき。一番めと三番めはだいたい同じで、私の場合は叔父ですが、二番めの師匠（法幢師《ほうどうし》といいます）が小坂先生なのです。私が三十三歳のとき、小坂先生のお許しを得て、泉岳寺で法戦式を務めさせていただいたのです。ですから私は泉岳寺の首座で、毎年十二月、赤穂義士《あこうぎし》祭では樽酒《たるざけ》を配ったりしています（笑）。

小坂先生もお静かな方ですが、人格が素晴らしい。お寺にも隣組のような法類《ほうるい》（同宗で同派に属して親しい関係にある寺院）や組寺《くみじ》といった仲間、親子関係や地域関係があります。それをとりまとめるのが泉岳寺ですが、皆が「方丈《ほうじょう》さん（禅寺の住職、小坂先生のこと）がいなかったら、これほどにはまとまらない」と言っていました。人間関係をよく把握していて、世間的な話も学術的な話もできる。穏やかで見識ある、お坊さんとしての憧れ、一つの理想ですね。

お二人の師匠は、自分勝手に歩きたがってばかりいた私を、けっして縛ることはありませんでした。でも、要所要所ではみださないよう、方向性をあやまらないようにしっかりと箍《たが》をゆるめず、こうでなきゃいけないという背中を見せてくださっていました。

●アメリカで気づいたこと

――今は指導する立場になったんだね。アメリカに行ったのは教育者としての迷いがあったとか……。

仏教を教えるということに関して、これでいいのかと。とくに、ほとんど仏教に興味のない他学部の学生に必修科目として教えることに関してとても悩みました。単位をとるためだけでなく、何とか仏教、禅の良さを学生に伝えたかった。はじめは義務として出席していても、どこかで「これは面白い」と思わせたかったのです。でもまったく価値観が違う学生にどうすれば「面白い」と思わせられるのか。その答えを模索するうちに、仏教の地盤がない外国でどんなふうに教えているのかを見ればわかるのではないか、と思い立って渡米したのです。教育をやるからにはちゃんとやりたい、ヘタクソだからなんとかしなきゃいけない……そういう気持ちでした。

――チャンスがあったんだね。

はい、大学に在外研究という、とてもありがたい制度があって、それを利用させてもらいました。アメリカでは、博士課程の授業を一つだけ担当しましたが、基本的には学部の仏教史や禅思想の授業を聴講しました。当時、スタンフォード大学には著名な禅の研究者が二人いたうえに、初期仏教のこれも有名な先生も来て、一人はフランス人ですが、欧米の仏教研究者が三人もいました。授業はほんとうに面白かったですね。そこで気づいたのが、一つ一つ地道にやるしかないということでした。

――大きな体験になったんだ。

そうですね。逆に言うと、自分のやってきたことに自信がもてたんです。だから帰国して大学に戻ったとき、「すごく変わった」という人と「まったく変わってないね」という人と、両極端でした。やるべきことは変えていませんでしたが、それまでなかった大きな自信を得たことは確かです。

――内側が変わったら、

コラム　蘇軾《そしょく》の詩が語ること

仏教に帰依していた中国宋代の詩人、蘇軾（蘇東《そとう》坡《ば》、一〇三六―一一〇一）に「廬山煙雨《ろざんえんう》」という詩があります。

廬山は煙雨　浙江《せっこう》の潮《うしお》
未だ到らざれば千般《せんぱん》恨み消えず
到《いた》り得《え》、還《かえ》り来《きた》れば別事《べつじ》なし
廬山は煙雨　浙江の潮

廬山は江西省《こうせい》にある山並み、浙江は高潮で知られる絶景。「廬山の煙雨　浙江の潮」は冒頭と最後に繰り返されており、最初は悟る前の眼に映った景色、末尾は悟ったあとの眼に映った景色です。「まだ見ぬうちはどんな素晴らしいところだろうと寝ても覚

何かが違って見えたとか？

自分としては同じことをやっていても、自信をもって伝えられるようになった。その点において、相手によっては違って見えたのかもしれません。

●働く宗教

先に「生活全般が修行」という話をしましたが、修行への生産活動の導入は禅の大きな特徴といえます。それは中国で禅が宗派とし

めてもその思いは消えなかった。しかし自身そこに行って眺めて帰ってくると、別だん何のことはなく、廬山は煙雨、浙江は潮だった」――風景自体は、受け取る側の状況や精神によって左右されるものではありませんが、実際に見た風景となった点では、自分にとってはまったく同じではないとも言えるかもしれませんね。禅の深い世界観を表すともされます。

ちなみに蘇軾が悟りを得たときの心境をしるした「贈東林総長老（東林《とうりん》の総長老に贈る）」にある「渓声《けいせい》は便《すなわ》ち是《こ》れ広長舌《こうちょうぜつ》、山色《さんしょく》あに清浄身《しょうじょうしん》に非《あら》ざることなし。夜来《やらい》八万四千の偈《げ》、他日如何《いかん》が人に挙似《こじ》せん」（谷川のせせらぎは仏の説法の声、山のたたずまいは清浄な仏のすがた。昨夜来、私は無数の説法をきいている。こればかりは他人に説くことも示すこともできず、自分でさとるしかない）は、「無情説法」を体得した境地を表すものとして、道元『正法眼蔵』「渓声山色《けいせいさんしょく》」に引用されてよく知られています。

て独立するときの、仏教の伝統に対する大きな改革でした。

——どんなふうに？

百丈懐海（720または749–814）「一日なさざれば一日食らわず」で知られる。インド仏教の戒律で禁じられた生産労働を修行として肯定し、集団生活の基礎とした。

そもそも、出家者は生産活動をしてはいけない、というのが上座部仏教の基本の戒律でした。その根本をガラッと変えたのです。唐代、達磨さんから八代目の馬祖さんが、日常生活全体を修行としたことはすでにふれましたが、その弟子の百丈懐海《ひゃくじょうえかい》がさらに積極的に畑仕事などの「働く」こと、つまり生産活動を修行であるとしたのです。「一日《いちじつ》なさざれば一日食らわず」（「一日不作、一日不食」、一日休んだらその日は食べない）で有名な方で、弟子たちが老年の百丈に「休んでください」と野良《のら》仕事の道具を隠したところ、「今日わしは働いていないから食わん」と食事を拒んだといわれます。それも、みんなで一緒に同等に働く、「普請《ふしん》」と言いますが、共同作業の重要性を強く主張しました。ですから「一日不作、一日不食」は「働かざるもの食うべからず」という戒《いまし》めではなく、共同作業の大切さを表しているのです。日々の生活全体を修行ととらえますから、上下の区別なく、どんなときでも一緒に働き、力を合わせて築きあげていく、実践することを大事にしようということ。まさに上座部の戒律に違反する、大きな改革でした。

——達磨さんのときは違ったよね。

それまでは托鉢《たくはつ》で生活をしていました。でも僧の数がだんだん増えて何百人にもなると、施《ほどこ》す側が飢《う》えてしまいます。ならば自分たちで田畑を耕すしかない。五代目あたりからそういう考えが出てきて、百丈さんになって自給自足のおしえを含む禅宗独自のルールを定めたのです。これを「清規《しんぎ》」といいます。

——他の仏教では生産活動はしていない?

そんなことはありません。前にも少しふれたように、大乗仏教は少しずつそれを許す流れです。日本では、奈良時代に遊行僧《ゆぎょう》と呼ばれる民間布教者が現れ、各地で社会事業を行いました。行基《ぎょうき》(六六八—七四九。集団を形成して道場や寺院の建築や溜池の設置や架橋などを行った)という方がいちばん有名ですね。その延長線上に古代の禅師がいるわけです。大きな寺院も、それぞれに土地を持ち、小作人などを使って農作物を生産していました。積極的に取り入れたのが禅だったということです。

――厳しい修行をするのは禅だけ？

いいえ、天台宗の千日回峰行《せんにちかいほうぎょう》をはじめとした各宗の行法があります。横浜の日蓮宗《にちれんしゅう》のお寺のご住職も毎年、荒行《あらぎょう》の水垢離《みずごり》をしに法華経寺《ほけきょうじ》に行かれています。ただ僧侶の資格を得るための修行期間は、宗派によってまちまちのようですね。

ともかく禅宗のいちばんの特徴はやはり生産活動をすることでしょう。「文字によっておしえは表現することはできない」ということに増して、このイノベーション（革新）がいちばん大きかったと思います。そして「禅定を中心とした集団生活で、生産活動をすることによって表現をしよう」という方向性は現在も存在していると思います。経営者の方々に禅に興味をもつ方が多いのも、そこに由来するのかもしれません。

禅宗のいちばんの特徴は
生産活動をすること

●みんなで一緒に

――禅では集団生活、「みんな一緒」というのを強調するんだね。

はい。臨済宗も曹洞宗も、一人でやるより皆で修行しなくてはいけないといいます。修行の心構えを示すのに「大衆一如《だいしゅいちにょ》」という言葉があります。修行者（大衆）はみなひとつである、という意味です。

——集団行動が苦手な人もいるでしょう？

いますね。アップルの創業者で禅に傾倒したスティーブ・ジョブズ（一九五五—二〇一一）などはまさしくそういう人でした。みんなと一緒にやるのは最悪だったと本人が言っています。それでも続けられたのは、乙川弘文《おとがわこうぶん》（一九三八—二〇〇二）という終生の師匠がいたからです。いつも二人で坐禅をし、いろいろな対話を重ねていたそうです。強い信頼関係が築かれていたのでしょう。

ただ坐禅でも、実際にみんなで一緒に坐るほうがラクだと私は思います。面壁九年の達磨さんのような孤高の修行は達磨さんだからできるのであって、私たちには辛いだけでしょう。あるいは自己満足にひたりきってしまうおそれもあると思います。道元禅師も『永平広録』で「一人で修行するとものの けに侵されるぞ、みんなと一緒ならもののけは逃げていく」と説かれていますし、臨済宗でも「一本で立つ木は往々にすると自由勝手に枝を伸ばす、皆で林となっている木はしっかりと上に伸びていく」というそうです。

集団生活を重視するといっても、何から何まで規定されるというわけではありません。決められた形はあっても、心は自由です。禅の修行者のことを「雲水《うんすい》」といいますが、そのもとになっているのは「行雲流水《こううんりゅうすい》」という言葉です。これは空を行く雲や流れる水のように、物事に執着せず自然のなりゆきに身を任せるあり方のこと。つまり、ことさら背伸びしたり、無理して自分を飾ったり自分自身に逆らったりせず、今の自分や状況を客観視して、自分はこういうものである、ということをまず出す。禅では自分も、他人も、石ころ一つにいたるまで素晴らしい存在である、というのが基本です。「鷺鷥立雪非同色《ろしゆきにたちてどうしょくにあらず》」という言葉もあって、白鷺の群れが雪の中に立っていても白さは各々異なる。同じ色でもそれぞれに特徴があり、個性はあるというのです。組織や集団に所属すると個が失われると考えがちですが、そこで自分の立ち位置をみつけられれば、それは立派な「自分の色」になる。禅が集団での修行を重視する意味はここにあるのです。

――ありのままでいい？

自分を偽るのがいちばんつらいですから、まわりを気にしすぎちゃだめです。じつはまわりの人もみんな同じ悩みを抱えているのです。そう思えば一つプレッシャーから解放されるでしょう？

――そっか、自分だけじゃないんだ。

本音を言えば、私も一人のほうがラクだと思うことはいっぱいありますよ。旅行はもっぱら一人がいいし、集団で動くのは大嫌い。学生を連れて歩くのも気配りが必要なので窮《きゅう》屈《くつ》に感じることも多い。もちろん、それゆえの意義や楽しさもあるので全否定はしませんし、やっぱり何かをしようとする時は気心の知れた仲間、志を同じくする同僚などと共に進むことが大切だと思います。でも、「いつも一緒」というのはいかがなものか、ということなのです。なんとなく馴れ合いや身《み》贔《び》屓《いき》になりそうで嫌なんです。『特攻野郎Aチーム』（無法者に脅《おびや》かされている人々の依頼で四人組が、それぞれの技術を活かして悪と戦うアメリカのアクションドラマ）じゃないですが（笑）、必要なときにスッと集まって、それぞれの個々の力を結集してすごい仕事ができる、というのがいちばんカッコいいかなと思います。

――単純に「集団がいちばん」ということではないんだね。

自分を発揮するためには独りよがりはだめ、ということは、いつもしっかりと心に置きながら、でも馴れ合わない、それが禅的だろうと私は思っています。みんなで修行をしても、あとでお話しするように悟りは個人持ち、ですから。最終的にどうやって自分を発揮するか、それは自己判断です。他人に頼ってはいけない、頼れない部分が必ずあって、そこがやはり芯となるのでしょう。「坐禅」と「皆でやる生活すべてが修行」の関係がそれかもしれません。まわりにみんながいても坐るのは「自分」です、でもまわりに影響を与えていることはちゃんと意識すべき、というか意識せざるを得ない。話をするわけでもないけれど、なにかしら心の支えになっている。

逆の場合もあります。「一人だったらもっとできたのに」ということももちろんあるでしょうが、「一人じゃできなかった」こともあって、プラスマイナスで考えれば、おそらく一人よりみんなの方がプラスなんだろうなと思います。

――クラスやグループ活動で悩んだときに思い出しそう。

●雲水の一日

ここで修行僧、雲水の一日をみてみましょうか。

曹洞宗と臨済宗では少し異なっています。

◇曹洞宗永平寺の例。（　）内は臨済宗

・振鈴《しんれい》（開静《かいじょう》）　三時～三時半、冬は四時半に起床

・暁天坐禅《きょうてんざぜん》　朝の坐禅。起床後、顔を洗うとすぐに坐る。坐禅の最中に鐘が鳴るとすぐに袈裟をつけて朝のお勤めへ

・朝課《ちょうか》　朝のお勤め。堂内諷経《ふぎん》や読経《どきょう》

・（独参《どくさん》　四時半　老師との問答）

・小食《しょうじき》（粥座《しゅくざ》）　朝ご飯

・坐禅・作務《さむ》・講義など（日天掃除《にってんそうじ》）

・（托鉢《たくはつ》　十一時　通常は三人一組で町を歩く。

しないときもあり）
・日中諷経《にっちゅうふぎん》　昼のお勤め
・中食《ちゅうじき》　昼ご飯（十三時　斎座《さいざ》　一汁一菜）
・坐禅・作務・講義など
・晡時《はじ》　三時のお茶＝行茶《ぎょうちゃ》。師匠と対話をしたりする
・晩課《ばんか》　十七時　晩のお勤め。読経など
・開浴《かいよく》　十八時　四と九のつく日に風呂に入る。頭も剃《そ》る、いわば休日
・薬石《やくせき》　十九時　晩ご飯
・（晩参《ばんさん》　坐禅　十九時　老師との問答）
・夜坐《やざ》　夜の坐禅
・開枕《かいちん》（解定《かいちん》）　二十一時に就寝（曹洞宗では、就寝時刻以降は寝るだけ）
・（臨済宗は解定のあと夜坐　二十一時半　坐禅が足りないとして自主的に坐る）

夜坐がいちばん長く、六十分ほど坐ります。そのあいだに永平寺では道元禅師が書かれた『普勧坐禅儀《ふかんざぜんぎ》』という坐禅の規則をゆっくりとお唱えし、曹洞宗のもう一つの大本山である總持寺《そうじじ》では『坐禅用心記《ざぜんようじんき》』という瑩山《けいざん》禅師（一二六八―一三二五、鎌倉時代後期に總持寺を開いた曹洞宗中興の祖）が記した坐禅の指南書をお唱えします。早く終わりたいものだから修行僧が早口で唱えると、幹部職の役寮《やくりょう》さんが大きな声でゆっくり唱えてペースを戻すんです（笑）。お風呂に入ったあとは足が温まっていますから、これがけっこう痛くて。

瑩山紹瑾（1268-1325）曹洞宗中興の祖。後醍醐天皇の帰依を受け、『伝光録』『瑩山清規』などを著わした。

――四と九のつく日になぜお風呂に入るの？

四九日《しくにち》といって頭も剃《そ》る、いわば休日と決まっています。他にも毎月三と八のつく日は念誦《ねんじゅ》（仏の加護《かご》を祈り、経文や仏の名号《みょうごう》または真言《しんごん》などを唱える）をしたり（三八念誦）、一のつく日と十五日は羅漢拝《らかんはい》といって、三門《さんもん》（山門とも。禅寺の仏殿前にある空門《くうもん》、無相門《むそうもん》、無願門《むがんもん》の三解脱門《さんげだつもん》）の上の羅漢さんにお拝《はい》をしに行きます。

——作務というのは何をするの？

いろいろあります。何枚もの布団を背負って階段を上り下りする布団運び、回廊掃除、ガラス磨き、竹簀《たけす》運び、障子の張り替え、川作務、山作務、草履《ぞうり》作り、大煤払《おおすすはら》いなど多くの仕事があります。また行事によってスケジュールも変わってきます。摂心《せっしん》——年に何回もありますが、基本は十二月一日から八日の臘八《ろうはつ》摂心です——中でしたら作務をせず、ずっと坐禅です。雲水の修行はよくテレビで放映されますが、摂心中の坐禅のようすは決して映しません。同じ大本山でも、北陸の永平寺と神奈川県の總持寺では気候が違いますから、極寒の時期は永平寺では火鉢があったり作務の種類が違っていたりします。

——裸足でするんでしょう、体力も相当につきそう。

若くないとできませんね。年齢制限はありませんので、五十を過ぎて弟子入りされる方もいます。京セラ創業者の稲盛和夫《いなもりかずお》さん（一九三二―）は六十五歳で在家得度《ざいけとくど》されました（一九九七年、臨済宗妙心寺派の円福寺で西片擔雪《にしかたたんせつ》老師の導きによるという）。とても熱心に坐禅しておられたそうですが、参禅はされても、一定期間、道場に住み込んで修行する「安居《あんご》」はされていないのではないでしょうか。安居の年齢制限もありませんが、その期間は社会生活がまったくできません。それをすべて捨ててやってくるのです。

――覚悟がいるね。女性は修行僧堂には入れないの？

昔、といっても道元禅師の時代はいたようですが、現在は女性が修行できるのは尼僧堂《にそうどう》になります。歴史的には武士の宗教とされていたので男性中心でしたが、地域によっては女性の庵主《あんじゅ》さんが活躍しておられます。曹洞宗の青山俊董《しゅんどう》さん（一九三三―）は、愛知専門尼僧堂堂長であり無量寺《むりょうじ》の住職さんでもあります。全国各地で講演をされ男女を問わず多くの人から慕われています。

――カッコイイ！

少し前に金沢の大乗寺《だいじょうじ》で長く修行されているイタリア出身の女性の僧にお目にかかりましたが、さすがに近くの離れに寝泊りしていたそうです。でも欧米では修行僧の三〜四割は女性で、サンフランシスコ禅センターのご住職も、イタリアのミラノ近郊にある普伝寺《ふでんじ》（曹洞宗海外特別寺院、一九八四年創建）の監院さん（ご住職の下ですべての事務を取り仕切っている役職）も女性です。

――そこは海外を見習ってほしい気も。雲水さんが修行を挫折することもあるの？

ときどきいるようですね。私が得度したときにいただいたお袈裟《けさ》は本山から逃げた方の残り物でした（笑）。ジョブズではありませんが、どうしてもなじめない人が出てきてしまうのですね。

――挫折したら資格はどうなるの？

もちろん取得できません。本山でなくとも各地に認可専門僧堂という修行道場があって、必ずそのどこかで修行することが義務づけられています。安居を一年すれば、法臘《ほうろう》（僧尼の出家受戒後の年数）といって、お坊さんとしての年齢が一つ上がります。実際の年齢が世寿《せじゅ》で、「世寿（享年）○歳、法臘○年」といった言い方をし、曹洞宗のお坊さんが履歴書を書くときは「法臘○年」と書きます。

●食べることも修行

――お坊さんは、ふだん精進料理を食べているの？　お肉や魚は……。

道元さんは『典座教訓』という書を著し、仏法と同じレベルで食事について語っています。そして典座が調理してくれた食事をいただく修行僧の心得や作法を細かく説きました。ですので永平寺などの修行道場では日々、旬《しゅん》の素材を典座さんが調理する精進料理を仏道修行としていただいていますが、じつは明治以降、お坊さんが肉や魚を食べてもいいということになったのです。もともとインドの上座部仏教集団など厳しい戒律を守っているサンガでも、お肉などを食べてもかまいませんでした。お布施《ふせ》でもらったものはすべて食べるのが原則なのです。

――いただきものは残しちゃいけない。

そうです。自分のために殺されたものでないことが確認できるとかいくつか条件があって、それをクリアすれば許されました。禁じられたのは仏教が中国に入ってからです。ただ禅宗でいわれるのは、「いただく」という気持ちをしっかりもっていましょうということです。私もカロリーや塩分が多いラーメンのスープを全部飲んじゃいけない、と言われてもやっぱり残せなくて、だからビュッフェ形式は要用心です。ついつい取り過ぎてしまうので（笑）。でも取ってしまったら全部いただきます。

●禅問答と公案

――坐禅のときに臨済宗で用いる公案は、禅問答とは違うの？

禅問答は、師匠と弟子や修行者が交わした日常の会話（例①＝一一六ページ）、ただそれは方言や流行語を使っているので、その場やその時代でなければわからない内容が多いんです。たとえば近年、「ヤバい」という言葉の意味が「あぶない」から「すごい」に変化してきたように、日常会話は五十年、百年経ってシチュエーションが変われば意味が通らなくなってくる。そういった会話をどう理解するか模索した結果、私たちの知識や分析を超えた深いものを語ろうとしているに違いない、ということになっていったのです。そのことを課題として考えるようにしたものが公案です（例②＝一一七ページ）。

――すると公案は普遍的なもの？

「公案」という語の意味自体が普遍性を表しています。中国語としてのもとの意味は、役所の公文書や裁判の判例など、変えられないもののことをさしていました。それを禅では、修行者に対して課せられる課題を示す言葉として用いたのです。でも公案の答えは、そのときによって変わったり（例③＝一一七ページ）、答えを言わずに、あるいは拒絶することで相手に考えさせたり、わからせようとすることもあります。今でも質問に質問で答えることがありますね、「暑くありませんか？」「窓を開けましょうか？」、家の中での会話と考えれば全然おかしくないでしょう。でもシチュエーションがわからなければそうはいきません。時代や場所によってもわからなくなる。中国の宋代、それらに解説を施すなどして理解できるようにした「公案集」がつくられ、普遍的なものとして扱われるようになっていったんです。その全体像を指して「一千七百則の公案」といわれますが、じつはこれは公案を残した禅者の人数なんです。『景徳伝燈録《けいとくでんとうろく》』という代表的な燈史に記録される禅者の数が千七百一人、それぞれがいくつも問答を遺していますから、公案の数はこの何倍もあります。

（例）

①「安心問答《あんじんもんどう》」

達磨が壁に向かって坐禅をしていると、雪の降りしきるなかでずっと立っていた慧可が、自分の左腕を切り落として言った。

「弟子《わたし》は心が不安でなりません。お師匠さん、どうか私の心を落ち着かせてください」

すると達磨が言う、

「（その不安な）心を取り出してみよ。そうしたら君のために落ち着かせてあげよう」

慧可は答える、

「心を探し求めましたが、結局、取り出せません」

すると達磨がこう諭《さと》した。

「これでもう、私はあなたの心を落ち着かせた」

②「父母未生《ぶもみしょう》以前本来の面目」

夏目漱石の『門』で主人公の宗助が不安に苛《さいな》まれ、「ただどうかしてこの心から逃れ出たい」「安心とか立命とかいう境地に、坐禅の力で達する事ができるならば」と勤めている役所を休んで円覚寺に参禅した際、老師から出された課題が「父母未生以前における、本来の面目如何」だった。「意識的な自己を滅却し、相対世界を離れた人為を加えないありのままの自己」とは何か。宗助はいくら考えても虚しく答えはみつからず、日を経て一句を答えたものの、「もっと、ぎろりとしたところを持って来なければだめだ」「そのくらいな事は少し学問をしたものなら誰でもいえる」と一蹴《いっしゅう》された。漱石自身も二十七歳の頃、神経衰弱に悩んで十日間ほど円覚寺の帰源院《きげんいん》に参禅し、釈宗演《しゃくそうえん》老師からこの公案を授けられたという（コラム＝一一二ページ参照）。

③二つの異なった答え――「狗《いぬ》（犬）には仏性があるか」

ある僧が趙州《じょうしゅう》和尚に質問した、「犬には仏性（仏としての本質）がありますか？」

趙州が答えた、「有る」。

僧がさらに問う、「仏性をもっているというのに、いったいどうして犬の形をしているのでしょうか」。

趙州がさらに答える、「犬が自分に仏性のあることをわかっていながら、あえて犬の形をしているからだ」。

また別の僧が同じように、「犬には仏性がありますか」と質問をした。

趙州は、「無い」と答えた。

僧がさらに問う、「一切衆生（すべての生き物）にはみな仏性があると『涅槃経』に書いてあります。どうして犬だけが無いとおっしゃるのですか」。

趙州が答えた、「犬に積み上げられてきた迷いの心があるからに他ならぬ」。

趙州は、「自分の仏性（可能性）すらしっかり把握できていないのに、犬（他者）の仏性を取り沙汰してどうする」、つまり「そんなことを聞いても意味はない」ということを、質問者に考えてわからせるために、わざと異なる答えを述べたという。

●菜園での禅問答

先日、岐阜の農業経営学院で講演させていただいたのですが、禅では生産活動をどのようにしているのかという話をして、しっかりと菜園で行われた禅問答がのこされていますよと。

――えっ？

種を植えているところに和尚さんがやって来て「お、がんばっているね。いいか、種を植えてもいいけれど、根を生やしちゃいかんぞ」と言いました。係の者が「根を出さなかったら誰も何も食べられませんよ」と答えると、和尚さんは「おや？　君は口をもっていたのか」。

――意味わかんない。

一カ所に執着の心を生やしてはいけない

「根を生やしちゃいかん」というのは、一カ所に執着の心を生やしてはいけないということです。係の者は真に受けて「根を出さないと野菜が穫《と》れません」と答えたのですが、和尚さんは「君には食べるための口があるのか？」と還《かえ》したのです。食べ物は口で食べるのは当然なのですが、「根のない野菜（真のおしえ）」は、口で食べるものではないと、本質的なあり方への気づきを促した問答ということになります。でも、普通だったらこの僧のように答えますよね。

――じゃあ、なんと答えればよかったの？

たとえば、「はい、わかりました。でも葉っぱだけはしっかり生やしますよ」と応じれば気が利《き》いています。執着の心はもちません、でもちゃんと収穫はしますよ、というわけです。

――頭の体操になりそう。

たしかに、言葉の裏側にたくさんの意図がかくされていて、思考を限界まで追い込むのですから、大変だと思います。これはこれで、とても意義深いことなのですが、道元さんは「やはり坐禅でなくては」と言っています。頭であれこれ考えることをせず、呼吸するのと同じで、ただ坐る。自己をみつめ、自分を知り、表現するには「只管打坐」しかないと。

次章では坐禅、「坐る」ということについてさらに見ていきましょうか。

コラム

漱石と禅――『門』の悟れない宗助

――夏目漱石の『門』で、主人公の宗助さんが不安におしつぶされそうになって参禅したけれど、得るものもなく虚しく寺をあとにするんだよね。

「敲《たた》いても駄目だ。独りで開けて入れ」という声が聞えただけであった。……彼自身は長く門外に佇立《たたず》むべき運命をもって生れて来たものらしかった。……どうせ通れない門なら、わざわざそこまで辿《たど》りつくのが矛盾であった。彼は後《うしろ》を顧《かえり》みた。そうしてとうていまた元の路《みち》へ引き返す勇気を有《も》たなかった。彼は前を眺めた。前には堅固な扉がいつまでも展望を遮《さえ》ぎっていた。彼は門を通る人ではなかった。また門を通らないで済む人でもなかった。要するに、彼は門の下に立ち竦《すく》んで、日の暮れるのを待つべき不幸な人であった。

この解釈は難しいですね。ちなみに宗助が訪れたのは臨済宗の円覚寺ですが、与えられた公案「父母未生《ぶもみしょう》以前本来の面目」は曹洞宗がよく用いる概念です。

――宗派がごっちゃになっている?

いいえ、白隠さんの作った公案体系では、もとから宗派を超えた公案が採用されていました。その中から師家《しけ》さん（指導者）が相手の状況にあわせてその公案を与えたということなのだと思います。まあ、そこはあまりこだわらずに「本来の面目を見よ」、本質とは何かをしっかり見なさい、と言われたのでしょう。おそらく宗助さんは流れとしては現実逃避ですね。今の現実からなんとか逃れるために禅を使えるか。そして門の中に入るわけでもなく、門の外で佇《たたず》む……それも一つのあり方といえるでしょう。通り抜けて別の世界に入るのではなく、門のところまで来て佇んでいる自分がいる。

逃避だから見性《けんしょう》（悟り）までいかないとしても、解決策を見出そうという一歩はあったわけです。円覚寺の敷居をまたいだのですから。そこで通り抜けていないのがポイントで、門は通り抜けるものではないのだという気づきがあった。見性できなかったからだめだというわけではないですから。

――門をくぐれなくとも否定されるべきではない。

そこで彼は門を見上げています。一瞬、自分の居場所が向こう側ではない、門の下で立ちすくんでいるにしろ、ここに俺はいるんだな、と気づいている。その一歩が、じつは大切な報酬なのではないでしょうか。妙なたとえですが、私はアメリカでクレジットカードの申請をしたとき、審査で落ちたんですよ。「ああ、落ちちゃったよ」と友人に言うと、彼は「大丈夫、落ちたこともちゃんとした経歴になるから」（笑）。審査に落ちたという経歴がつくことをプラスにとらえる、それを聞いて、ちょっと感動しました。

――柔軟思考なんだ。

第4章

なぜ坐るの？

●坐禅の起源と「よい緊張」——心と体にいい坐禅

——ところで坐禅はそもそもいつから行われているの？

はっきりとした起源はわかりません。お釈迦さまの頃にはすでにありました。インドで脱世間の聖者（沙門《しゃもん》）が行っていましたし、バラモン教（仏教以前からあるインドの民族宗教）でもやっていたかもしれません。いずれにしろ、じっと坐って心を落ち着ける、ということはそこらじゅうでやられていたのではないでしょうか。

——人間の本能的なものかな。

悩んでいるときにどうするか、呼吸と姿勢を調えるのがいちばんいいので、結局は坐禅につながるんじゃないでしょうか。また、坐ることは心と体に非常によい影響があることが科学的にも証明されています。二〇一六年に京都大学医学部の奥野元子先生が、「禅的呼吸法によるストレス低減効果」という博士論文を発表しました。ふつうに生活していて安静にしていると当然ながら脈拍数が下がり、呼吸数が減ります。でも血圧は下がりません。そこで坐禅の呼吸法、いわゆる腹式呼吸をしてもらうと、血圧も少し下がり、唾液中のストレス成分が統計的に軽減する、という結果が出たそうです。また別の研究では、坐禅中には脈拍数や呼吸数は減少しますが、脳の中の血流は増えるという説もあります。

——へえ！　背筋を伸ばすとか、坐禅の姿勢も関係あるの？

それは大きいですね。ストレスについては体育系から実験をした方がいて、筑波大学の坂入洋右《さかいりようすけ》先生によれば、同じ緊張でも、緊張させる筋肉によって良い緊張と悪い緊張があるとのことです。坐禅のときは姿勢を調えますが、そのときに緊張している筋肉はどこか調べたところ、重力に逆らって姿勢を支える抗重力筋《こうじゅうりょくきん》だけが緊張していました。緊張して失敗するときと、うまくいくときがありますね、じつはこれはうまくいくときの筋肉の緊張なのだそうです。坐禅は、心や体を縛りつけない緊張の仕方しかしていないということです。だからストレス軽減にもなるのです。

また坐禅の基本である「調身・調息・調心」はスポーツでいうところの「ルーティン」（儀式）であると。まず体を調え、次に呼吸を調えると、おのずから心が調ってくるという。

そうしようというのではなく、そうなる。体と呼吸を調えることによって、最大のパフォーマンスをうむ心の状態にもっていけるのだそうです。つまり「過緊張」や「緊張を緩《ゆる》める」のでなく「よい緊張にする」、それがよい状態を生むというのです。

――「いい緊張」なんだね、坐禅は。

●坐るということ

――ふだんはどれくらい坐るといいの?

修行道場では、摂心など一日じゅう坐り続けることもありますが、ふだんの生活の中で行うなら無理なく続けられる範囲で坐るのがよいでしょう。私は週三回ほど、授業や公開講座などで坐るだけです。一回九十分で、四十分坐り、あいだに十分程度「経行《きんひん》」という歩く坐禅を挟み、また四十分坐ります。私の場合は講義や指導をしなくてはなりませんから、なかなか静かに坐るというわけにはいきません。ただ参禅部(坐禅を活動の中心とする学生サークル)や日曜講座の参禅会で一緒に坐らせてもらうと、とても充実した時間を過ごせます。不思議ですね、同じ場所で坐っていても、授業で坐るのとはまったく違う。心のもちようや環境は大きいようで、これがくり返し言ってきたみんなと坐ることの効果のひとつだと思っています。学生たちも「一人じゃ九十分は坐れない」と言います。「一人だけ挫折するわけにはいかない」といった見栄や意地もあるでしょうが、集団でやればみんなの力をもらえるんです。ということは、自分もいい影響を与えている。どの禅の宗派でも「みんなで坐る」を強調するのは、もし一人でできたとしたら、「俺だけができた」となる、それはダメだからじゃないでしょうか。

――坐り方も曹洞宗と臨済宗では違うの？

一般的に、曹洞宗は壁に向かって坐り、臨済宗は対面で坐ります。その分かれ目ははっきりとはわかっていません。

――向かい合って坐ると、何かいいことがあるの？

目の前が開《ひら》けているので、感覚や思考が閉鎖的になりにくいかしら。あとは警策《きょうさく》を持って回る直堂《じきどう》さんが、坐っている人の顔をちゃんと見られる、といったことはあると思いますが。

――先生も警策でパーンと叩く？

はい。あまり上手ではありませんが（笑）。

――かなり痛そう。

ちゃんと入るとまったく痛くありません。気持ちが締まります。警策は罰ではない、修行者に対する励ましなんです。眠いときは入れてもらったほうが絶対に楽になります。

――ただじっと坐ってるって、難しくない？

一つのことに集中せず、思考を自然に流してあげるんです。頭に何かが浮かんできてもいいんです。そこはマインドフルネスと同じで、ただしそれを留めない、引きずらない。

坐禅では自然で静かな思考の流れを意識する

頭に浮かんできたことを捕まえ、それについてもっと考えたくなるのが人間じゃないですか。だけど放っぽり出すんです。そうしたらまた次に考えが浮かんできます、それをまた放っぽり出す。その繰り返しです。

――馴れればできるようになる？

なかなか（笑）。「非思量《ひしりょう》」といいますが、イメージとしては、大きな川がゆったり流れているようなもの。見た目はまったく動いていないようだけれど、水は常に新しいものに入れ替わっていっている。そのような、自然で静かな思考の流れを意識するのです……などと指導していると、ああ坐りたい！　と思いますよ。

――坐りたい、とはどういう感覚なんだろう。

何ですかね、人によってまったく違うと思います。社会人の方は、非常にほっとする時間だとおっしゃいます。ふだんは次から次へとやることがあって、「何もするな」と言われることなんてないでしょう。「何もするな」「何にもこだわるな」という時間に自分を置くことは、とても貴重ですよね。

――坐れば心のもちようが変わってきて、心配ごともなくなるのかな……。

抱えている問題を解決することはできないかもしれませんが、それなりに前に進む力にはなると思います。心配が尽きないことが、さらに不安を呼んでしまうようなとき、禅的には、むしろ終わりなき不安があるからこそ、それと向き合って前に進める、と考えられるようになるのだと。ビートたけしさんがタクシー運転手に扮するCMで、乗車した俳優の神木隆之介さんが「最近、ちょっと忙しくって」と疲れた表情で言うと、たけしさんが「疲れるっていいことじゃねぇか。そんだけあんたが必要とされているってことだろ」と声をかけるシーンがありますね、あれに近いものがあるかと。

――発想のポジティブ転換？

はい、禅は根本的にポジティブ思考のかたまりだと思います。

終わりなき不安があるからこそ
それと向き合って前に進める

●坐禅＝瞑想？

——ところで坐禅は瞑想とはどこが違うの？

瞑想でも足を組んで静かに呼吸を調えるかたちをとることはありますが、メディテーション（瞑想）というのは一点集中です。たとえば、キリスト教の瞑想は神と一体になる、神が降りてくる。真言宗は「阿字観《あじかん》」といって、梵字《ぼんじ》（サンスクリット語）の「阿」という文字を見ながら瞑想を行います。天台宗の「止観《しかん》」の「止」も心のはたらきを止める方法、「観」は観想法なので、どちらかというと坐禅に近いですね——瞑想だ、と言う方もいますが。

でも私たちは、坐禅は瞑想とは言いません。英語で説明すれば、メディテーション（瞑想）ではなく、シッティング・プラクティス（坐る修行）。禅では日常生活のすべてが修行ですから、そのなかの坐るもの、というニュアンスです。瞑想をざっくりと「何かに集中して一所懸命に考えること」ととらえれば、それは一つの方向性としてあるのですが、禅宗、とくに曹洞宗の坐禅はそれとは逆の方向になるんです。禅では「清規」という独自のルールのなかでしっかりと坐禅が組み込まれていくことに大きな意義を見出さなくてはいけないと思います。不断であり、何かを直すためでもない、あくまでもそのときそのときの自分の確認です。

――今日三時間坐ったから、明日はやらなくていい、というものではない。

まあ三時間やれば、三時間ぶんいいのですが、寝だめではありませんから（笑）。坐りだめはできません。

――ノルマ制じゃないもんね。

●坐禅の作法について

実際の坐り方について整理してお話ししましょうか。ただ、この作法は、澤木興道《さわきこうどう》先生（一八八〇―一九六五、昭和を代表する曹洞宗の僧侶）が大学の授業の一環として坐禅を行うために定められた作法です。修行道場の作法が基本ですが、少し違っているところもあるので、その点はご理解ください。

まず禅堂に入るときは入口の左端から、左足を先に踏み出して入る。その後はすべて右足を先に踏み出します。

自分の坐る位置に着いたら、その場所に向かって合掌低頭《ていず》します。これは両側に坐る方へのご挨拶です（隣位問訊《りんいもんじん》）。両隣の人もこれを受けて合掌します。

次に蒲団（坐蒲《ざふ》）の形を整え、くるりと回して白い名札を壁に向けて壁際に寄せ、回れ右をして、今度は正面の方とご挨拶の合掌をする。坐蒲がおしりの中心に位置するようにして、深すぎず浅すぎず坐ります。

——座布団を回しながら、上から押すのは？

形を整えているだけです。平べったくつぶれていますから、縦にして上からぐいぐいと押してあげると丸に戻ります。作法の一つです。

——黒くて大きいお団子のような座布団は、坐禅用の特別なもの？

坐禅専用ですね。ふつうのパンヤでできていて、仏具屋さんで売っています。大学の坐

坐禅図（結跏趺坐）

法界定印

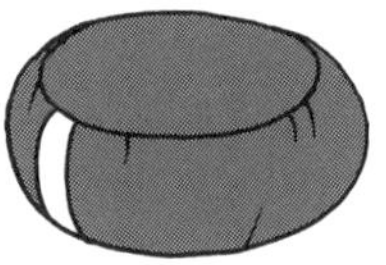

坐蒲

禅堂で使っているのは直径一尺少しですが、八寸からあって、女性は少し小さいのを調達するといいかもしれません。

畳の縁ぎりぎりに手をついて木の部分（牀《じょう》縁《えん》）に触れないように、両足をそろえて畳に上がります。足をとじて、布団の前半分に腰をのせて足を組みます。「結跏趺坐《けっかふざ》」は右の足を左のももの上におき、左の足を右のももの上におく。それが難しければ左の足を右のももの上におく「半跏《はんか》趺坐」でかまいません。

——体のカタイ人には最初の難関。

そして左右揺振《ようしん》、上半身を振り子のように左右へ、はじめは大きく、徐々に小さく、動から静へとゆっくり動かして、落ち着くところでぴたりと止まります。

手は右掌を上に向け、そこに左掌を上にして重ねます。両手の親指の先をかるく接触させて法界定印《ほっかいじょういん》に組みます。そして下腹部のところにつけ、腕と胸の間を少し離して楽な姿勢にします。背筋をのばして、頭のてっぺんで天井を突き上げるようにしてあごを引きぎみにし、肩の力は抜きます。耳と肩、鼻とおへそとが垂直になるようにして、前後左右に傾かないようにします。

舌先はかるく上あごの歯の付け根につけて口を閉じ、口の中に空気がこもらないようにします。目は自然に開いた半眼で、視線は一メートルほど前方、約四五度ぐらいの角度に落とします。いったん口から肺の空気を全部吐き出してから、口を閉じ、あとは鼻から呼吸をします。

――鼻だけで呼吸をするんだ。

はい。そして鐘の合図とともに坐禅がはじまります。坐っていると、さまざまな思いが浮かんでは消えていくでしょうが、それはそれにまかせて坐ります。時間は、長い線香が燃え尽きる時間を意味する一炷《いっちゅう》、四十分が目安です。動作の変化は鐘の回数で決まります。

三回鳴るのが坐禅のはじまり。二回鳴れば経行《きんひん》という歩行のはじまり。一回鳴れば、今している動作を終了するという合図です。

——経行って、一見じっと立っているようにも見える……。

あれで歩いているんですよ。一息半歩《いっそくはんぽ》（一息半趺《ぶ》）といって、一呼吸する間に、足の甲の長さの半分だけ歩を進め、次の一呼吸で、反対の足を同じく半歩だけ進めます。

——ほんの少しずつ進んでいるんだ。

はい。臨済宗の場合は通常、堂外に出て廊下などをすたすたすたとふつうに歩きますが、曹洞宗では堂内で両手を組みながら、ゆっくりゆっくり歩くんです。

——みんな、足はしびれていないの？

しびれていると思いますよ。あと、坐禅といえば少しでも動けば打たれる、というイメージがありますが、警策で打つことはほとんどありません。ただ、どうしても気持ちが散乱するとか、眠くてしかたがないときには自分から入れてもらうことができます。坐禅中に合掌するのです。後ろに直堂《じきどう》さんが来たなというのは気配でわかりますから、見計らって合掌をする。打つ前に軽くポンと叩いて予告してくれますので、首を左に傾けて右肩をあけます。そこにパシーンと入ります。打つのは右肩を一回だけ。終わればお礼の合掌をして、また坐禅に戻る。直堂さんも警策を平らに挙げて礼をし、縦に戻してまた堂内を回りはじめます。

授業では、最初の坐禅のあとの経行が終わると提唱《ていしょう》です。堂頭《どうちょう》である私の話を聞いてもらいます。これが駒澤大学での形式です。坐っても開始の鐘が鳴るまで面壁しないのですが、ふつうは最初から面壁です。歩くときの叉手《しゃしゅ》も左手を親指を内にして握り、右手のひらでこれを覆い、胸に軽く当てて手の甲を上に向けますが、手の甲は前に向けるのが一般的です。坐禅堂の形もそれぞれですから場所によって作法はいろいろあります。

――行けばそこの形式に従えばいいということで、基本は坐禅に尽きると。

そのとおり、足を組んで坐るのは同じです。

●「只管打坐」と「生活すべてが修行」

――道元さんは「只管打坐」、坐禅が第一と考えていたんでしょう、そのことと「生活すべてが修行」は矛盾しないの？

そこは難しくて、坐禅はたしかに中心におくんです。ただ、生活をしているなかでも、人によって自分自身のあり方をもっともよく表現する作法や行為があって、それが道元さんにとっては坐禅だったんです。

――だったらやっぱり順位がある？

すべての行為を同じ気持ちでやるのですが、坐禅を中心におく。といっても上下はつかない。自己表現として、道元さんにおいては坐禅がもっとも自分の本質を表現するということです。

確信したことは、ずっと続ける
立ち止まることはない

——**最優先はするけれど、他のことをないがしろにするわけではない。**

坐禅だけでは生きていけませんから。価値観としては、修行道場の中ですので、皆が一緒に修行をするということにおいては、それぞれがすべて価値あるものになります。自分のためだけにするんじゃない。それが典座さんが料理をすることであり、その他の作務であったりするのです。「ただひたすら」それだけを一所懸命やるというよりは、「ただ坐禅」なんです。自己表現として坐禅がいちばんだという確信をもっていた道元さんは、魚は泳ぐ、鳥は飛ぶ」というたとえを用い、人として生まれたからには仏法にあり、仏法にあったからには「ただ坐る」と考えたのです。自分のあり方としてどうするのか。それは坐禅だけでなく、常に自分に問い続けていきましょう、ということだと思います。確信したことは、ずっと続ける。「もういいや」と立ち止まることはありません。

ルポ

編集者 私の坐禅体験

休日の日暮れどき。家で坐禅に挑戦してみました。

このうえなくゆるい服装で、座布団を二つ折りにしてお尻部分を高くして敷き、腰をおろす。右足を、両手を使って左腿の上にもってゆく。ここですでにひと苦労。なんとか乗ると、次に左足を……イテテテ、明らかに無理とわかり、半跏《はんか》に組むことにする。それでも膝をこれほど折り曲げることはふだんなく、キツイ。ほぼ胡坐《あぐら》に近い格好で妥協《だきょう》。読書やパソコンに向かうとき猫背になりがちな背筋を意識してのばし、あごをこころもち引く。体をメトロノームのように左右に揺らし、落ち着く位置でストップする。スマホのタイマーを四十分にセットして、よし、開始。

目を閉じると妄想がわく、というので、半眼《はんがん》にすると、視線はおのずと斜め下へ……おや、床にシミがあるではないか、とすでに気が散っている。いけない、いけない。初心者には、心のなかでゆっくり数をとなえて呼吸をする「数息観《すそくかん》」がいいと聞き、ひとーつ、ふたーつ、と数えながら鼻から息を長めに吐き、長めに吸う。あれ、腹式呼吸って、吐いたときにお腹が引っこんで、吸ったときに膨《ふく》らめばいいのかな。逆だったかな。鼻で呼吸をするというけれど、吐くのも鼻からだとちょっと苦しいような？　などと迷っているうちは、指示どおり〝呼吸に集中〟していることになるのか。と、いつの間にか、仕事のことが頭に浮かび、あれこれ考えはじめている。これがいけないのだな、と放っぽりだす。最初に戻って、ひとーつ、ふたーつ……十にいかないうちに、こんどは明日の予定のことが頭をよぎる。いかんいかん、ひとーつ、ふたーつ……どうも肩が凝《こ》るナァ、背筋ののばし方が足りないのかも、とモゾモゾ姿勢をととのえなおす。ちなみに数息観から一歩進めば、わざわざ数を数えずに呼吸になりきる「随息観《ずいそくかん》」に入るそうです。

　そんなことをくり返すうちに、大きな川のゆったりとした流れ、というイメージを思い出したせいか、ふいに水に漂う自分が脳裡に現れる。しばらくすると、今度は空にぷかぷか浮かぶわが身が想像されてきた。と思えば、死んでしまった犬がこちらを見つめている……○○！　心の内で思わず名を叫んでしまう。非思量の境地は遠い。

　またもや数を数えることをすっかり忘れていた。初心に返って、ひとーつ、ふたーつ、黙々と呼吸をととのえる。体はじっと動いてはいないつもりでも、気はわさわさとして禅定とは程遠い、と情けなくなったころ、フィロロン、フィロロンとスマホが響き、ビクッとした。いつのまにか四十分たっていた。

意外と長くは感じなかったけれど、気持ちいい、の快感もない。続ければいつか悟れるかも、なんてとても思えない。途中でやめなかったのだけは、よかった。それにしても「何も考えない」は、じつに難しいのだ。

いざ、こんどは立ち上がるのにひと苦労。膝をゆっくりとのばし、痺れが引くのを待ち、よっこらしょ。しばらくまともに歩けない。が、もうコリゴリでもなく、またやってみよう、と自然に思った。

しばらく後、石井先生の授業にお邪魔して、百四十人以上が坐れる大学の坐禅堂で学生の皆さんといっしょに坐らせてもらった。「皆で坐る」初体験だ。澤木流の作法に従って、鐘の音を合図に周囲と動きを合わせ、壁に向き合って坐る。なるほど、時空間を共有する人たちの〝気〟みたいなものに後押しされている感じがしなくもない。終了の鐘が鳴ると「もうおしまい？」と、いくらでも坐っていられそうな気がした。そのあと、全員が数珠《じゅず》つなぎになって堂内をごく少しずつ進む経行《きんひん》は、意味を深く考えることはなく、気分も皆とつらなっているような新鮮な経験だった。隣について細かな所作の指導をしてくださった大学院生さんが、あとから「身じろぎせず、しっかり坐っていた」と言ってくれ、自覚がなかったぶん、嬉しい驚きであった。

以来、時間がとれて気が向くと四十分、坐るようになった。思い立ってある日、手持ちの中国敦煌《とんこう》莫高窟《ばっこうくつ》の北魏仏《ほくぎぶつ》が坐禅している絵葉書を前に立てかけて、〝対面坐禅〟してみた。うっすらと笑みを浮かべたような穏やかなお顔で千数百年も坐り続けておられる仏さまと、いっしょに坐らせてもらう格好である。四十分の中身がどう違ったかはやはりわからない。が、気のせいか、見えない力をいただくようでもあった。いや、そういう感謝も非思量には不要なのか……。

　結局、坐禅の効果というようなものは、問題外という気がした。たまに体と心を静かにする（ように努める）時間があるのはいいなと思うくらいだ。でも、石井先生の「ああ、坐りたい」という感覚がなんとなくわかるようになった。そして最初は違和感をおぼえた〝表現〟という言葉が、いつしか腑《ふ》に落ちているのに気づいた。

　こんなふうに坐ってみたいと思い、実践を試みる。自身のそういう面に気づき、実行することはすでに表現で

1500年以上も穏やかな表情で坐禅しておられる北魏時代の禅定仏さま（中国甘粛省の敦煌莫高窟259窟）。

ある。何かのためではなく、いま、このひとつのことに、真剣に取り組む、その積み重ねも自分なりの表現になっている。もしこれから何かを志したなら、それも自分の表現になってゆくのだろうと思った。

第5章

悟るってどういうこと?

——自分の仏性に気づく

●悟りとは

——ところで「悟り」っていったい何?

その質問がいちばん答えにくい。まだ悟れていませんので。いちおう、今まで禅を学んできて、清らかな自己を認識し、自覚することにあると私は考えています。

——ぜんぜん悟っていない自分が、清らかといわれても……。

それはまだ本当の自分に気づいていないから。私はよく、「家具がすべてそろった部屋の明かりをつけることをイメージしてみてください」とお話しします。私たちが仏としてあるというのは、必要な家具のそろった部屋のようなもの。でも真っ暗では暮らしようがないですね。そこでスイッチはどこだろう……と懸命にさがしているうちに行きあたり、パチンと明かりがついた瞬間、部屋は部屋として完成する——これが自分の仏性に気づく、悟りのイメージではないかと思います。

悟りに安住せず
修行はずっと続けなければいけない

ただし、それで完成すれば終わりになると思われることを道元禅師は嫌いました。悟りに安住せず、ずっと修行を続けなければいけないというのです。つまり、点いた明かりがスイッチを入れればつきっぱなしの電球ではなく、自転車のダイナモ式ライトだったということ。光を放ち続けるためには、ひたすらダイナモを回し続けなければなりません。別の言い方をすれば、下りのエスカレーターを上り続けるようなものでしょうか（笑）。ちなみに臨済宗では階段をのぼっていくんです。公案という重い足枷《あしかせ》がありますから、一段のぼるのに五年も六年もかかる。よいしょ、とのぼり続けて「見性《けんしょう》」（悟り）という踊り場まで来ると、ちょっとホッとしますが、階段はまだまだ続いている（笑）。

――ひとつの公案を八年考えた、という話を聞いたことある。

まさしくそうで、通常で五、六年かかるそうです。幸いに私は曹洞宗なのでそのような体験はしないですんでいますが。そういう違いはあっても限りがないことについては同じではないでしょうか。自己探求、自己表現は常に続くということです。表現すればまた次の表現を探す。エンドレスですが、それこそ自分が自分として生きている証《あかし》でもあります。

――それにしてもスイッチを探したり、一所懸命ペダルをこいでいても、悟れない人もいるんじゃないの？

それはまだダイナモを回していないか、どうやれば光るのかがまだわかっていないのでしょう。私もまだ探し続けているところです。でも道元さんは、探し続けていることこそがいいのだともおっしゃっている。「わかった」と思った瞬間にそこに安住したい、という気持ちが起きてしまうからです。だから悟り体験を否定さえするのです。

――えーっ、修行は悟ることが目的なんじゃないの？

悟りは求めるものではありません。今の自分を悟りによって変える、ということではないのです。言い方を変えれば、今この瞬間に悟ったとしても、一秒後の自分は同じではない、するとまたはじめなければならない。模索し続ける、自分を一所懸命に見つめ続けるしかないのです。悟ったから「俺はもう出来上がった」と思うことは慢心で、「修証一等《しゅしょういっとう》」「修証一如《いちにょ》」（修行は悟りのための手段ではなく、修行と悟りは不可分で一体のもの）、常に努力し続けていることこそが悟りなんです。

——一所懸命に回し続けることが大事なら、悟っても悟らなくてもいいような？

「悟らなくてもいい」と開き直ってしまうと、さぼるでしょう（笑）。それはどう考えても仏＝完成された人格ではない。自分が今、何をすべきかを常に探し続けていることが大事です。その瞬間、その瞬間に必ずある。それを常に考え、実行する。間違っていればすぐに直す。そのあり方を自覚することが、一つの「身心脱落《しんじんだつらく》」、心と体のすべてのこだわりをなくした状態なのではないでしょうか。

●悟りは個人持ち

ただ「悟り」は自分しかわかっていない。お釈迦さんもそうです。前に「悟りは個人持ち」と言いましたが、釈尊の悟りは釈尊の悟りであって、普遍的なものではありません。

——真似してもできない。

そう、百人いれば百通り。だから人に伝えられるものでもなく、人からもらってそれが自分の悟りになるものでもない。ただし自分が「私は悟った」というだけではだめなんです。

――勘違いということもある？

それが多いから、師匠からちゃんと証明してもらわないとだめなんです。たとえば坐禅していて明かりが見える、体が浮いたように感じる……そういうことがあるらしいです。他の人にはないような特殊能力が身についたように思うとか、他の人にない不思議な心境や境涯に達したと感じるとか。

――トランス状態？　でも個人持ちなら、いろいろな悟りがあってもよさそうだけど、ほんとうの悟りと勘違いの差ってなんなんだろう？

さまざまな気づきの仕方はあるでしょうが、以心伝心で師匠に「お前は出来上がった」と認められて初めてＯＫになるんです。そうでない場合は、やはり独りよがりであると。

達磨さんが二代目を選ぶときは、四人の弟子に問題を出し、何も言わずにお拝《はい》だけした慧《え》可《か》を後継ぎに選びました。「皮肉骨髄《ひにくこつずい》」の話として知られます。

——何、それ？

達磨さんが中国に来て九年経ったところで慧可、道育《どういく》、尼総持《にそうじ》、道副《どうふく》の四人の弟子に「修行によって自分の得た仏法の本質を表現してごらん」と確かめたんです。

まず道副が「文字にとらわれず、また文字を離れず、仏道のはたらきをなすことです」と答えると、達磨さんは「君は私の皮までわかっているようだな」と言いました。

尼総持が「すべてに執着することのない心境です」と答えると、「君は私の肉までを得た」。

次に道育が「この世界には何一つとしてつかみ取ることのできるものはないということです」と答えると、「君は私の骨まで獲得したようだ」と達磨。

最後に慧可が黙ってお拝だけをしました。それを見て達磨は「君は私の髄までわかったようだ」と言い、慧可を後継者としました。

――四人とも悟ってはいたの？

最初の三人は不充分で慧可だけが本質をわかっていたため二代目になれた、というのが一般的な解釈です。

――じゃあ、三人は悟っていなかった……。

そういうことになります。でも、道元さんはそうではないと言います。皮も肉も骨も、それぞれの仏法理解を表現できていて、達磨はそれを認めているのだと。つまり、それぞれの悟りをそれぞれに認定したというのです。まさしく、それぞれの理解を認めた形、そのように「負けをつくらない」のが道元さんの特徴でもあります。

●「身心脱落」と「只管打坐」

「悟り」のことを道元さんが「身心脱落」と言ったのは、単純に「悟った」と言ってしまって、その先もう修行をしなくてもいいように思われるのを嫌ったから、と前にもお話しましたが、それに関連して「磨塼作鏡《ませんさきょう》」といわれる禅問答があります。ある日、いつも坐禅をしている馬祖に南獄《なんがく》が「そなたは坐禅をして何をなさろうとしているのか」と尋ねました。

馬祖は答えました。「仏になろうとしております」。

それを聞いた南獄は、一枚の敷き瓦を石にあてて磨きはじめました。

馬祖は尋ねます。「敷き瓦を磨いてどうしようというのですか」。

南獄は「磨いて鏡にするのだ」。

馬祖は「敷き瓦を磨いてどうして鏡にできましょうか」。

南獄は「敷き瓦を磨いて鏡にならないのなら、どうして坐禅をして仏になることができるのかな」。

これは、南獄が弟子に「敷き瓦を磨いて鏡にしようとするのに等しい無駄な努力」と坐禅だけを金科玉条《きんかぎょくじょう》のように行おうとする意気込みを退け、日常生活の一つ一つが修行であることをわからせようとした、というふうに一般的に解釈されます。

ただし、道元さんは別の見方をしました。まず、馬祖さんがすでに師から悟りの証明を受けていて、その後に坐禅していたと、前提を変えるのです。そのうえで、坐禅を、瓦を鏡にしようとするような不可能な行為と見るのではなく、「瓦として完成した形であっても、それを磨き続けなければならない」、つまり坐禅は「仏となる」ことを目的として行うのではなく、「仏として」あるために継続して行うものだと解釈したのです。そして改めて「坐禅は仏としての自己表現そのものである」を主張したんですね。それが「只管打坐」、ただ坐る、という考えにつながっているのです。

——仏も修行をするんだ。

●《十牛図》を見る

悟りの過程を描いたとされる絵に《十牛図《じゅうぎゅうず》》があります。中国で生まれたものですが、日本に伝わって人気が出ました。じつは《十牛図》には二種類あり、一つは「普明《ふみょう》十牛図」といって、野生の黒い牛を飼い馴らしていくうちに牛が頭からだんだん白くなっていき、飼い馴らしたところで牛と自分を忘れておしまいとなります。この世のすべてと一体となってしまう。ただしこれでは悟りの世界へ行ってしまって帰ってこないことになる。それじゃあダメだというのが次の「廓庵《かくあん》十牛図」です。悟りの世界から現実の世界へもう一回戻ってきて、自らのあり方を発揮してこその悟りなのだという結末です。

一、「尋牛《じんぎゅう》」迷える凡夫である童子が牛を探します。道を求めるにはじっとしていてはいけません。一歩踏み出すことが肝心なのです。

二、「見跡《けんせき》」深山に入り、ようやく牛の足跡を見つけます。羅針盤となるよき師に出会うことが大切です。

三、「見牛《けんぎゅう》」辛抱強く足跡をたずねてゆくうちに、とうとう牛の姿を発見します。

四、「得牛《とくぎゅう》」姿を見るだけ、頭でわかるだけでなく、それを懸命にたぐり寄せて捕まえます。

五、「牧牛《ぼくぎゅう》」やがて牛を手なづけ、飼い馴らします。「得牛」のときとは逆に、童子はゆるく手綱を持って牛を先導しています。

六、「騎牛帰家《きぎゅうきか》」牛の上に乗っても逃げなくなりました。道を求めて頂上を極めた（悟った）童子は牛と一体となって家に帰ります。

七、「忘牛存人《ぼうぎゅうそんにん》」帰宅すると牛の存在を忘れ、人のみがそこにいます。童子がうたた寝をしているのは、悟ったことさえ忘れた安楽、静寂ともいえます。

八、「人牛倶忘《にんぎゅうぐぼう》」自己と世界は一つになり、牛も人も超越した境地に至って何も痕跡をとどめません。しかし、ここで終わりではいけないのです。

九、「返本《へんぽん》還源《げんげん》」もう一度、本来の在り場所、はからいのない自然の世界に戻ってきます。

十、「入鄽垂手《にってんすいしゅ》」山中で孤高を極めるのでなく、街なかに入り喜怒哀楽を共にしながら人びとを導き救うことにつとめます。悟《ご》後《ご》の営みといえるでしょう。

香厳智閑が、石が竹に当たる音を聞いて悟りを得た瞬間をとらえた伝・狩野元信《香厳撃竹図》。

――これだと一瞬にやってくる悟り、というより徐々に悟ってゆくストーリーに読める。

悟りを得るという発想にもとづくと、そうですね。いわゆる「頓悟《とんご》」ではなく、修行を積んでだんだんと悟りに至る「漸《ぜん》悟《ご》」。それでいえば、狩野元信《かのうもとのぶ》など多くの絵師が描いた「香厳撃竹《きょうげんげきちく》図」などは頓悟を描いたといえるでしょう。唐代の僧、香厳智閑《ちかん》が、石が竹に当たる音を聞いて悟りを得たという瞬間をとらえた絵です。同じく唐代の霊雲志勤《れいうんしごん》は山道を歩いているとき、里に桃の花が満開に咲いているのを見た瞬間に悟ったと言われています

（「霊雲桃花《とうか》」）。ただ「頓悟」といっても、じっくりと修行を積み重ねるうちにだんだん清らかになっていきながら、パッと開眼するのは何かの拍子であったと解することもできますし、そのプロセスを経ずにハタとして瞬間的に心境が変わる「頓悟頓修《とんしゅ》」とみることもできる。いっしょうけんめい自転車に乗る練習をしていて、あるとき突然乗れるようになるのと同じかもしれません。

――ああ、あれはなぜ急に乗れるようになるんだろう？　確かに、だんだん乗れるようになるんじゃないよね。

何かの弾みに補助する人が手を離してスーッと進むことができれば、その後もずっと乗れるでしょう。そういう発想の頓悟もあります。

――もしかしたら、練習しているあいだも、自分ではわからない何かが少しずつ変わっているのかな？

そうですね。科学的にいうと、体の中でバランス感覚がどうのとか、そういうことがあるのだと思います。だからある意味、牛がだんだん白くなっていくのもそれを表しているのかもしれません。そうやって少しずつ悟りというものと一体となってきて、最後は両方がなくなると悟りとなる、真っ白。でも、そこで終わっているうちはダメ。「すべてやった」と特別な心境になったとしたら、それはほんとうじゃない、もう一回戻っておいでと。

――そこがミソだね。

道元さんは、船に乗って航海に出ていくたとえでは、戻ってくるというより、ずっと進み続ける、という感覚で悟りを説明しています。まわりは大海原《おおうなばら》で、三六〇度水平線のときにはすべてが見渡せます。「私はやっとすべてを見渡すことができた」というのも一つの悟りである。でも自分が出てきた港があることがわかっているのに、それは見えていない。だからすべてが見えているわけではないのです。すなわち「どこか足りないところがある」と認識しながら全体を見ることが悟りの世界なのだと。見るたびに「まだ見えていないところがある、さらに見なくては」と、常に進んでいこうとする、これも悟りとしての修行、「修証一等」の一例でしょう。

このような悟りの世界を現実へ引き戻す流れを別角度から説明すると、本来はある仏の世界が、はじめは個々ばらばらにしか見えていない、それが悟ると全部が一体となった世界が現れる。山は山、川は川と個々ばらばらに見えていたものが一つとなって仏としてしか見えなくなる、つまり山や川はなくなる。でも、さらに修行をすると、山は山、川は川で、仏のあり方としてもう一度現れてくる――これは井筒俊彦《いづつとしひこ》さん（一九一四―九三、言語学者、イスラーム学者、東洋思想研究者）が『意識の形而上学《けいじじょう》』で展開している、なかなか鋭い見方だと思います。

――うーん、いろいろに解釈できすぎる……。

いいんです。自分なりの解釈で見れば。悟りは個人持ちですから。明確なのは自分を高める、行き着いたところでちゃんと人びとのために役立てて初めてほんとうの悟りだ、というのが基本の流れです。

●円相と庭のこころ

――禅でよくマルを描いた絵を見るけど、あれはなんの意味？

「円相」といって中国唐代の仰山慧寂《きょうざんえじゃく》が始めたとされています。悟りの象徴とされますが、それを何にたとえるかは本人次第です。満月にたとえれば「望月《もちづき》」、つまり円満なる悟りの姿ですが、真ん中にちょんとヘソをつけてみたり、仙厓は饅頭《まんじゅう》にして「これ食ふて茶のめ」と記したり、ごま餅《もち》にしたり。

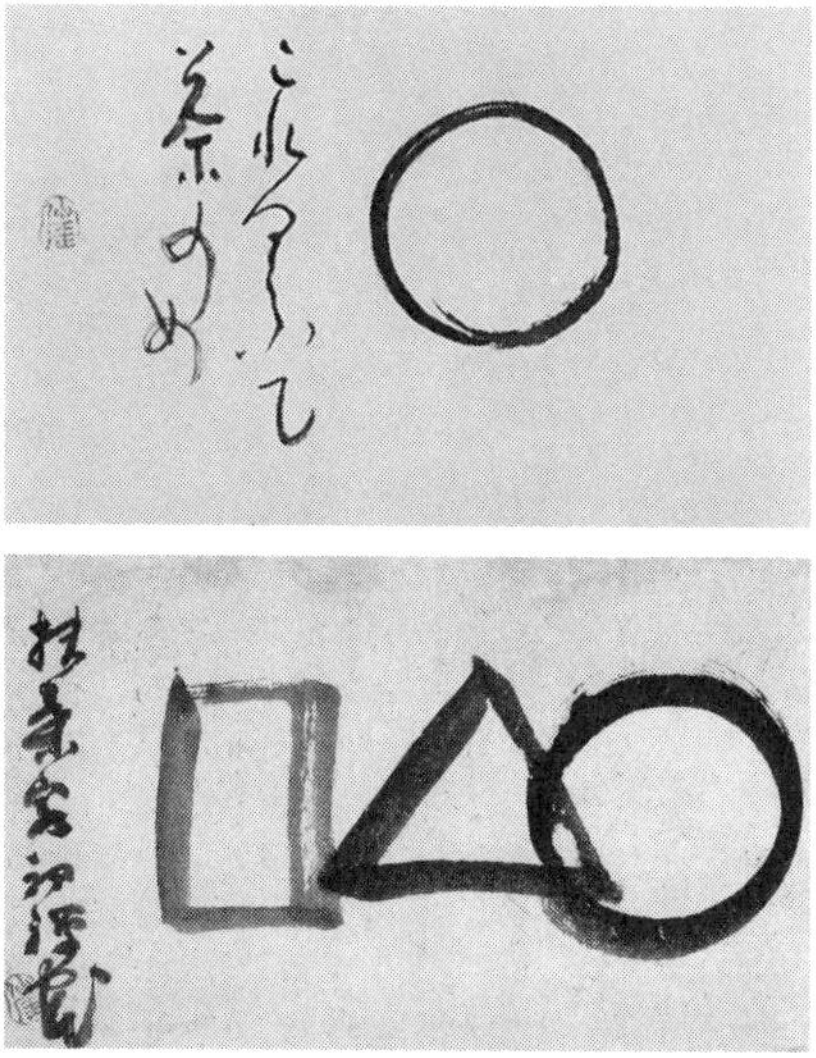

禅の奥義を示す《一円相》や《○△□》（いずれも仙厓画）は、現代にいたるまでさまざまな解釈がなされている。

――おヘソがつくと、あんパンみたい。三日月とかにはしないの？

しません。とにかくマル。でも仙厓の《○△□》、あれはわかりませんねえ。いろいろな解釈がなされていて、「無限に変化する人の心を描いた」という説もあります。

——禅ではお庭も大切な表現なんでしょう？

夢窓疎石《むそうそせき》（一二七五—一三五一）が日本庭園をはじめました。水を用いずに石組みで自然を表現した「石庭《せきてい》」の様式がよく知られていて、余白が効果的に活かされているのですね。本来は山のなかにあったお寺が街なかにつくられるようになったので、自然をミニチュア化して寺のなかに内包させる、という発想だったようです。

夢窓疎石（1275–1351）臨済僧で五山文学の中心人物であり、造園にすぐれた。

——整然として、きれいすぎる気もする。

象徴化されているからでしょう。龍安寺《りょうあんじ》の石庭などは、土塀《どべい》をだんだん低くしていって遠方に見せるようにするなど技巧においても優れているのでしょうが、私は「あの岩は須《しゅ》弥山《みせん》（世界の中心）を表している」などの意味づけよりも、奥行きを感じるなあ、きれい

室町時代に創建された龍安寺（京都市右京区、臨済宗妙心寺派）方丈前の石庭は、白砂の砂紋で波の重なりを表す枯山水。作者はわからないという。

だなあと見ていて心が落ち着くことを大切にしたいですね。ちなみに江戸時代は、あの庭は禅の心だとみなされておらず、「虎の子渡し」といって激流を母虎が子虎をくわえて渡る姿の見立て、と考えられていたようです。修行道場の厳しい師弟関係を表しているのでしょうか、あるいは自然の厳しさを表現したという解釈もあるようです。それが明治になって来日した外国人が「これぞ禅の心だ」と言い始めたため、お寺のパンフレットに「庭は禅の心を表している」と書かれるようになった――ともいわれています。解釈の逆輸入ですね。

――ピアノの前に「4分33秒」、じっと座っていたジョン・ケージ（一九一二―九二、アメリカの作曲家）も禅に傾倒していて、鈴木大拙さんにも会ったんだって。沈黙して座っていることが「何もしていない」ことではない、みたいなところが禅的なのかなあ。

「維摩《ゆいま》の一黙《いちもく》」といい、維摩居士《こじ》（釈迦の在家の弟子）が一言もしゃべらずに文殊菩薩《もんじゅぼさつ》をやっつけた、という伝承があり、禅の「黙」はそれにもとづいています。中国の黙照禅《もくしょうぜん》（公案を用いずひたすら坐禅によって修行する禅。逆に公案を用いて修行する禅を看話禅《かんなぜん》という）の禅者のひとり宏智正覚《わんししょうがく》（一〇九一―一一五七、宋代の禅僧）に「淵黙雷声《へんもくらいせい》」――深い沈黙が雷となって鳴り響く――という言葉があります。静かな淵のように押し黙ったところこそ、雷のごとく大きなはたらきがある、という意味です。

――沈黙の力⁉

そう、だからジョン・ケージの四分三十三秒は、雷の音がしていたのかもしれないですね。

悟ったら、次の悟りが大事

――**それが音楽史に残っているのだからすごい。一回しかできないけど（笑）。**

その場限りだからいいんじゃないですか。

●修行は終わらない

――**悟ったら、とりあえず修行は一段落？**

先ほどの大海原のたとえにもあったように、道元禅師は悟るということは「どこか足りない」と思うことだ、といいます。くり返しになりますが、自分が出来上がったと思ったら、それは間違いなのです。「道は無窮《むきゅう》なり、悟りてもなお行道《ぎょうどう》すべし」（『正法眼蔵随聞記《しょうぼうげんぞうずいもんき》』）、自己満足におちいるのでなく、悟ってからも一歩ずつ進む努力をする。あの白隠さんもそうでした、悟ったら、次の悟りが大事なのだと。

――**えっ、二回も悟るの？**

二回どころじゃないですよ。白隠さんは「私は大きな悟りは十八回、小さな悟りは数知れず得た」と言っています。一度悟ったあとに「禅病」になったと言われていますが、あれは鬱《うつ》症状だったようですね。自分を追い込むとそうなった。それでも次に進みます。夢窓疎石も見性した後は二十年間、「悟後《ごご》の修行」といって世の中に出ることをせず厳しい修行を続けたそうです。何度も噛みしめないと危ないからじゃないでしょうか、出来上がってから咀嚼《そしゃく》し自分のものになるまで、それだけ長い時間がかかるということでしょう。

――二十年……ゴールが見えない。

成果主義に立てば、ゴールがなければ不安になるでしょう。何もできないのではないかと。しかし、スティーブ・ジョブズがこう言っています。「Journey is the reward（旅路そのものが報酬である）」、言い換えれば「一歩一歩が成果だ」ということ。つまり最終結果に執着せず、そこに向かって進んでいる今のこの瞬間を大切にするということです。

コラム 白隠の禅病克服

白隠は過度の修行による〝禅病〟克服を模索して宝暦七年（一七五七）、治療法として「内観法《ないかんほう》」を説いた『夜船閑話《やせんかんわ》』を記している。

坐禅で仏法の真髄を探求するあまり神経が疲労し、両腋《わき》から常に汗を生じ、両眼に涙するようになった白隠は、名医を探して治療を試みたがなかなか効果が現れなかった。やがて白幽《はくゆう》という仙人をたずねて身心を安楽にする奥義《おうぎ》、心を丹田《たんでん》（お臍《へそ》の下）と足心《そくしん》（ツボ）におさめる法を会得、身心の安らかさを覚えるにいたったという。それはたとえば、「色も香りも清浄な軟酥《なんそ》（やわらかいバターのようなもの）の鴨の卵ぐらいの大きさのものが頭上にのっていると想像する。その気味がきわめて微妙で、丸い頭の鉢全体を、ひたひたとうるおしながら下ってきて、両肩や両肘や両乳や胸の中、肺臓、肝臓、腸や胃、脊梁骨《せきりょうこつ》、臀骨《でんこつ》……と次第にうるおしながら注いで全身を巡り流れる（観）。すると、このうるおいの余流が積もり湛《たた》えられて暖めひたし効果を発する」というものであった（紀野一義著『名僧列伝』を参照）。その体験を詳しく綴った『夜船閑話』は当時ベストセラーになったといわれる。江戸時代にも鬱病を患う人が多かったのかもしれない。

――一歩ずつ、近づいていけばいい？

いいえ、進むのです。近づく、というと終着点が前提ですから。借金返済のように少しずつ完済に近づくのでなく、ほんの少しずつでも積み上げていく。ゴールを目指すのではなく、一歩先を目指す、積み上げ型のプラス思考なんです。

――そう考えると気持ちが楽になる気も。

悟りというのは、行くべき方向性の確信を持てることです。「私はこうだ」というのはマインドフルネスでもやります。悟りは、その先どうしていくかが明確に見えることなんです。釈尊も悟ったあとも修行をやめていません。そして、結局は街なかに入って人を救う活動をしたり、おしえを説いていく道を選びました。そうすべきだとわかったからです。

といっても、お釈迦さまも悟りを開いた当初は、「こんな難しいことを言っても誰もわからないだろう」とおしえを広めることをためらったそうですが、梵天《ぼんてん》さん（仏教を守護する善神）に「万人に説いてほしい」と乞われて（梵天勧請《かんじょう》）、腰を上げたんです。

――それまでは自己満足だった？

「ああ、やった」という達成感で満足していたのではないでしょうか。でもその後、目の見えない弟子のアヌルッダのために「私に功徳《くどく》を積ませてほしい」と針に糸を通してあげたという逸話があります。「利他」という考えが出てくるのはかなり後ですが。やはり修行は終わらなかったのです。

●利他と自己犠牲

――禅というと、「利他」や「慈悲」などのイメージと合わない気もするけど。

そういうふうに見えるかもしれませんね。ただ禅は決して利己的ではなく、利他の精神を大いにもっています。生産活動をする点でも社会性がとても強いですし。

――「利他」の精神というのは、「自己犠牲」とは違うの？

お釈迦さまの「利他」は自己犠牲です。「ジャータカ（釈迦の前世の物語）」にある「捨身《しゃしん》飼虎《しこ》」（親虎と飢えて鳴く七匹の子虎を救うために、釈迦が自分の身を投げ食べさせたという話）などが典型ですね。でもお釈迦さまが自ら身を投げ捨てて死んでしまうのは、来世への功徳《くどく》を積んで死なないと次に菩薩になるという話に進みませんので、そこは自己犠牲になるんです。でも、あらゆるものを救済する観音さまは他の人が全員成仏するまでは自分は成仏しません。そういう意味ではマイナスではないような気がします。

――「お先に」と譲ることは、気持ちいいことでもあるし……。

いわば「全員底上げ」ですね。自分が落ちてしまうわけではない。「私は損をしている」と思っていなければ、自己犠牲にならないんじゃないでしょうか。ただ、やはり命を落とすというのは自己犠牲になってしまう。生を終えてしまったら禅的ではないです。「利他」という慈悲のおしえは、皆が救われるにはどうしたらいいかという発想による大乗仏教になって出てきましたから、どれだけ多くの人が救われるかという話です。一方、「ジャータカ」は、なぜお釈迦さま一人だけがブッダになれたのか、という特定の理由づけですから、根本的なところで動機が異なっているように思います。

他人が利己的であっても同じことをしてはいけない

――**すると禅でも「利他」は勧めるけれど、自己を犠牲にしろとは言わない。**

人のためにしてあげることは損することではない、むしろそれが自分自身のためにもなる、と考えるのです。だから、けっして利己的にもなりえない。もし他人が利己的であっても、同じことをしてはいけない。そこは集団活動を重視する禅でも大切なことです。

●実践すること

――**「利他」はよいことだろうけど、「善行」は時代や地域や状況によって変わるよね。禅の「善行」って今でいうと何なの?**

私もよくボランティア活動はしていますが、とくに「禅的」という感覚はありません。すべて自分の修行だというふうに考える、とはいえるかもしれませんが。

――**つらいときも「これは修行だ」と(笑)。**

「情けは人の為《ため》ならず」と言いますが、見返りを求めることはほんとうはよくない。何をやっても結局は自分の実となるんです。まったく意味のないことに思えても、とにかく一歩進んでいるということは、必ず何がしかになる。「何かをした」あとの結果がゼロだったり、何にも結びつかないと思うこともあるでしょうが、「やった」という達成感は消えません。

――何もしないことが、いちばんよくない。

そういうことですね。道元さんが嫌ったのはそれです。

――でもボランティア活動って、文句なく利他なのかなあ。ニュースを見ていても、美談仕立てのワンパターンが多い気がして。

それはすごく悩ましいところで、相手に甘えの気持ちが生まれればマイナスかもしれません。私が何年もボランティア活動を続けているのは、半分はそれを必要としている人がいるからですが、あとの半分は自分が楽しめているからなんです。そうじゃなきゃ続きません。見返りを期待するわけではありませんが、やはり自分にも得るものがあるのです。一昨日も新幹線で米沢《よねざわ》まで子どもたちと過ごす寺子屋に行ってきました。往復するのは実際とても疲れますが、行けば子どもたちからエネルギーをもらえる部分もあるのです。それに、「こっちは紅葉がだいぶきれいになったな」とか、「冬なのにずいぶん曇ってますね」「いやこっちはこうですよ」「あ、雪国だから当然か」と、気づきがあったり。

——動かないと、気づきもない。

そうなんですよ。米沢には何回も通っているのですが七年めで初めて上杉記念館で「為《な》せば成《な》る為さねば成らぬ何事も、成らぬは人の為さぬなりけり」の上杉鷹山《うえすぎようざん》（江戸中期の米沢藩主）の記録映像を見ました。彼が藩の財政難をとことん切り詰めることによって立て直したと知り、身につまされました。私も大学の財政難の時代に学長をしましたので（二〇〇九〜一二年、駒澤大学学長）。ちなみに鷹山は家老七人から散々突き上げをくらったとか。私の場合は……ヒミツです（笑）。

コラム 戦国武将と禅

戦国時代、上杉謙信と武田信玄はともに禅に帰依《きえ》していました。謙信は達磨さんと梁《りょう》の武帝《ぶてい》の問答の「廓然無聖《かくねんむしょう》」（からりとわだかまりのない境地では凡人と聖者の差がない、ありがたいものも捨てるべき何ものもない。「不識《ふしき》、第一義」）によって悟りを得たといわれています。

また信玄が帰依していた恵林寺《えりんじ》の快川和尚《かいせんおしょう》は、一五八二年、織田信長に寺を焼き打ちされた際、「心頭滅却《しんとうめっきゃく》すれば火もまた涼し」の偈《げ》を唱えて焼死したという話はよく知られています。無念無想の境地に至れば火さえ涼しく感じられる。これは唐の杜荀鶴《とじゅんかく》の詩『夏日悟空上人の院に題す』に「安禅必ずしも山水を須《もち》いず、心中を滅し得れば火も自ずから涼し（安らかに坐禅を組むには、必ずしも山水を必要とするわけではない。心の中から雑念を取りされば火さえも涼しく感じるものだ）」とあるのにもとづいています。

――苦しいときも、心のもちようで苦痛を感じずにいられるって憧れる。

もうひとつ、二人の逸話があります。鈴木大拙によれば、川中島《かわなかじま》の戦いで、謙信は敵の出方が遅いといらだったすえ敵陣に乗り込んだのですが、信玄が悠然《ゆうぜん》と椅子に腰掛けているのを見て剣を抜き、信玄の頭上から「いかなるかこれ剣刃《けんにん》上の事」と言いながら斬りつけたそうです。すなわち「命がなくなろうとする瞬間の気持ちとは」との問いです。このとき信玄は少しも騒がず、手にしていた鉄扇《てっせん》で武器をかわして「紅炉上《こうろじょう》一点の雪」、つまり「赤々と燃える囲炉裏《いろり》の上に舞い落ちる一点の雪のように、とらわれもない」と答えたのだといいます。

――ほんとに⁉ やっぱり武士は禅に相当ハマってたんだ。

いや、逸話ですよ（笑）。戦国時代というい つ死ぬかわからない世であればこそ、この瞬間瞬間を生きる、今ここを精一杯生きるとはどういうことか、ということから禅に深く帰依する武将が多かったのだと思います。おそらく坐禅もしていたでしょう。

●禅の死生観

――禅宗では「死」をどのようにとらえているの？

禅では死後についてあまり考えていません。わからないことを考えても仕方ない、というスタンスでしょうか。ただ、道元さんは来世を想定しています。

――来世を？　何度も生まれ変わる輪廻《りんね》って、よくないことなのでは。

道元さんがいう来世とは、今もっている時間は自分の生が終わったところで終わり、来世はまた別の「死」という新しい時間が始まる、ということです。つまり別存在なのです。生は生、死は死。両方とも同じく価値のある存在である。

たとえば薪《まき》はやがて灰になります。薪は薪で時間の前後がある。芽生えて大きな木に育って伐《き》られて割られる。しかし燃えて灰になれば、もう薪には戻らない、灰としての新しい時間が始まっているのです。

やってきた行為の跡形は決してなくならない

――では「生まれ変わる」ということではない。

少し違いますね。しかし「業《ごう》は不亡《ふぼう》なり」といい、今までの自分のやってきた行為の跡形は決してなくならない、一度悪いことをすれば消えません。厳しいのですが、じつは究極のプラス思考でもあります。失敗をした場合、次に挽回しようと思えば失敗行為がプラスのモチベーションになるからです。もちろんいいこともなくなりませんが、だからといって何もしなくなれば、それは悪いことに転じます。つねにプラスにしていかなければいけない、自分の今を仏としてはたらかせるとは、そのようなことなのではないでしょうか。

第6章

日常に禅はどう活《い》かせるの？

——社会とつながる「禅」

●落ち込んだときの禅

――悟りに至っていないせいか、応援しているサッカーチームが負けるととても落ち込んでしまう。自分の努力とは関係ないことなんだけど。

いいんじゃないですか。そういうファンがいるからこそ選手たちはがんばれるのであって、みんなが淡泊に「しょうがねえなあ、負けても」と冷めていたら面白くないでしょう。

――落ち込んでいる自分を肯定してあげる?

そうですね、それをどう表現するかです。落ち込んだ気持ちをなんらかの形で相手に伝えられるようになれば、何かが変わるかもしれません。

――「負けたのは私の応援が不充分だったからだ」と自分に言い聞かせたり、スタジアムへわざわざ出向いて応援していた人たちはもっと悔しいだろうと思ったり。でも、どう

すれば表現できるのかな。

むしろ、スタジアムに行って応援していたほうが、負けたとしても達成感があるのでは。おれたちの応援が足りなかったからだ、と納得できるかもしれない。やっぱりそのときの気持ちを、今ならSNSで発信するとか、自分なりに表現すればいいんです。気持ちをおさえたり、煩悩だとかいって反省する必要はない。応援して負ければ落ち込まないのもおかしいし、逆に勝ったときに大いに喜べばエネルギーになるのですから。それはつまり一人で生きていないということです。私はその点に関しては冷めてしまっているので、うらやましいぐらいです。何にしろ日常でも、禅の考え方はいろいろに役立てられると思います。

●「禅的経営」って？

スティーブ・ジョブズが禅に傾倒したことは前にもお話ししましたが、禅の思想は企業家が経営に、あるいはＮＢＡバスケットボールの元指導者フィル・ジャクソン（一九四五─）が作戦に活かしたりしてきました。それも一つの「表現」の仕方です。また六十五歳で在家得度された京セラの稲盛和夫さんの「アメーバ経営」は、個と集団の働きを活かすという点で、禅の発想に通じるところがあるかもしれません。アメーバ経営は「人を活かす経営手法」を謳《うた》っていて、全社員が経営に参加する仕組みだそうです。会社組織を「アメーバ」と呼ばれる小集団組織に分け、各アメーバのリーダーが経営者のように小集団組織の経営を行う。するとリーダーとメンバーたちは自分の部門の利益を最大化させるよう創意工夫し、日々の仕事に取り組むようになるといいます。その方法によって会社は一九五九年の創業以来、一度も赤字を出していないそうです。

各々の集団に判断力をもたせていながら、それぞればらばらではなく、一つのホールディングスのようになっているのは、まさに禅的かもしれません。真ん中に中心となる核がありながら、個々が活動をしながら全体的な利益をつくりあげている。

――一人であり、仲間であり……それが逆効果にならないといいけど。

「山高不遮白雲行《やまたかくしてはくうんをさえぎらず》」という言葉があります。「どんなに高い山も白い雲の流れを遮らない」、立派な存在ほど邪魔にならないということです。会社では会議などで、いちばん「声の大きな」人が「おれはぜったいにこうしたい」「これはやりたくない」と我《が》を張ることってあるでしょう。でも立派な存在であれば、決して周囲をさえぎって自己主張をしたりしないはず。だから白雲（部下）もそれに寄り添い、お互いを尊重しあい、一緒になって美しい風景をつくりだすのです。

――**ワンチーム？　切磋琢磨《せっさたくま》？**

競争をさせる、というのは一つの方法論としてはあるかもしれない。でもそれは禅的ではありません。おそらくすぐれた経営者は単なる競争はさせないんじゃないかな。

――**雲水さんは競争しないんでしょ。**

しません。全体が一体。

――**比べはしない。でも意識はするよね。**

するでしょう、人だから他人を気にしないわけにはいかないと思います。でもそれはそれで自己表現だという方向にいけばいい。そういう意味では「適材適所」は禅的ではないでしょうか。

稲盛さんのように得度までする方は多くないですが、禅の語録『碧巌録《へきがんろく》』などの輪読会《りんどくかい》に参加する経営者は多いんです。難しい、難しいと言いながらも長く続いているようです。

――わからないなりに何度も読むうちに、ふっとわかるようになるとか？

そのつどわかり方が違う、それでいいと思います。『正法眼蔵』も難しいですが、毎度「こういうことかなあ」「いや、ああいうことかなあ」と一所懸命に考えることが大事です。私も「基本的にこう解釈するとわかりますよ」と解説を書きますが、十年後に同じ解釈をするかどうかはわかりません。それでいいんです。読む側のレベルや境涯、そのときの情況に応じて理解が変わってかまわない。

――自分も変わっていくわけだものね。

はい、向き合う対象はこちらが変われば違ってみえることもある、それでいいのだと思います。それが成長ということかと。

そんなふうにさまざまな表現があっても、集団で足を組んで坐り、ルールにのっとった修行をするという柱は守る、そこをおろそかにすると歴史的に禅宗の勢いは落ちるんです。それを背負いながら、一方でおしえは日常生活に密着して展開しますから、オプションとして社会活動などさまざまな表現をしていく――その二つの流れが禅には常に存在しているのです。

●変化しつづけること

以前、私は大学の経営に学長として関わってきました。そのせいか経営関係の会合に呼ばれることが多いのですが、そこで申し上げるのは、「真の安定とは何か」、禅的に言えば「つねに変化し続ける以外にない」ということでした。ほんとうに安定する、安定的経営とは、変化し続ける社会に常に対応し続けること、つまり、変化し続けることではないかと。

――諸行無常？

安定的経営とは
変化し続ける社会に常に対応し続けること

そうですね、それを把握して的確に動くのが禅の目指すところでもあると思います。

——それが逆に「安定」ということ？「不変」が安定なのではなくて。

そう、前に少しふれた「青山常運歩《せいざんじょううんぽ》（山は常に歩いている）」という禅語があります（六〇ページ）。超常現象を言っているのではないですよ（笑）。どっしりと聳《そび》えているような山も、常にその姿を変えながら、四季の移ろいのなかで季節ごとの姿を見せてくれます。それが山の歩みなんです。ゆるぎない信念をもちながらも、しなやかに変化に対応して動く、それがほんとうの「動かざる」存在であり、頑固《がんこ》に動かないことがいいのではないのです。そのことを私は、禅のおしえからというより、むしろ大学が危機的状況にあるときの経営を経験して学びました。元に戻ろう、と考えてしまうと危機から脱出できないと感じたのです。常に考えて変わっていかないといけない。もちろん、核となる理念はしっかりしていないといけませんが。

●道のりこそが……

後ろを振り返るとここまで歩いてきた足跡が見えた

以前、化粧品会社で日本初となるシワ改善の薬用化粧品「リンクルショット」を開発し、二〇一七年に発売して爆発的にヒットさせ（発売九カ月で累計百十二億円の売り上げに達したそうです）ウーマン・オブ・ザ・イヤー２０１８で大賞を受賞された末延則子《すえのぶのりこ》さんがテレビで話されていたのですが、研究開発に七年、厚生労働省から医薬部外品として承認されるまで、折あしく化粧品による白斑《はくはん》の問題が起こったこともあり、さらに八年もかかったということでした。認可されるかどうかもわからないのに、あらゆる実験をえんえん繰り返す、非常につらい時期があったそうです。そんな逆境にもめげず、先が見えない作業をどうして長年続けられたのか、挫折しなかった理由について、彼女は、「後ろを振り返ると、ここまで歩いてきた足跡が見えたから」だと答えました。それを聞いて、「まさしく禅だな」と思いました。

――ジャーニーの足跡が見えた。

そうです。ジョブズと同じことを言っていて、「足跡が見えたから、もう少しやろう」というモチベーションになったんです。先日、日本化学会の「化学フェスタ」で講演をした際にその話をしました。「心も体も清める～禅の実践と化学するこころ～」という、化学の力で身を清めることと、禅で心を清めることの関連性についてがテーマでした。

——どういう話をしたの？

「外側をきれいにする、清めることは、同時に内側をきれいにすること」という信念のもとに行うことの大切さです。道元禅師も『正法眼蔵』「洗面」でいうように、顔を洗う行為は、体のなかまですべてきれいにすることです。「清める」という行為自体、対象をきれいにすることだけではなく、「きれいにする」という気持ちにもとづいて、体全体が清らかになることなのです。

——気持ちの問題？

ただ表面的に清めるだけでなく、仏としてやるならどうするか、「沐浴身体《もくよくしんたい》、当願衆生《とうがんしゅじょう》、身心無垢《しんじんむく》、内外光潔《ないげこうけつ》」といいます。沐浴する際、「（自分だけでなく）すべての人びとの内側も外側もきれいになることを願って自分の体を清めます」とお唱えするんです。「五臓《ごぞう》六腑《ろっぷ》を洗わないと中はきれいにならないだろう」といういじわるな意見もありますが、そ

顔を洗う行為は
体のなかまできれいにすること

んなことできるわけありません。だったらそういう気持ちをもって表面をきれいに洗うのです。

――内面までぴかぴかになりそう。

化学会社の研究者たちの多くが、末延さんと同じ経験をしているんです。研究過程でやってきたことがゼロになることがある。実験も、論文も「こんなことをやっていて役に立つのかな」と思うことがあるでしょう、そのとき「どこかで必ずプラスになっている」とポジティブに考えるのです。「振り返り」は大事です。きっとどこかで役立つ、すべてが必ずあとから生きてくるんです。またそうやって模索しているうちに、ぴったりのものが向こうから出てきたりする。

成果主義だけに走ると、もし成果がなければ動けなくなるでしょう。「金屑《きんせつ》眼《がん》中《ちゅう》の翳《えい》」といいまして、貴重に思える金の粉も、眼に入れば病気を引き起こす。つまり使い方を間違えればだめだということです。もちろんお金がなければ私たちは生活できませんが、金銭や利権に絶対的価値をおいてしまうと、人間関係の不和の原因にもなります。何より自身の心身の不調を招いたり、大切なものを見失ってしまいます。自らのあり方として「これをやるんだ」と信じて実践していく、すなわち足跡を見ていくこと、それがやはり強いんだと。

――ポジティブ思考というか、これも只管打坐、自己表現だね。「今、ここ、このこと」につねに力を尽くす。

達磨さんの「面壁九年」がそうでしょう。一つのことに忍耐強く専念してやり遂げる。目的に向かって忍耐強く努力をすることで、人びとの理解を得ることもできます。また、自分がしっかりしていれば長い年月も耐えられるのではないでしょうか。時間をかけることは無駄ではないはずです。

折しもその講演の日、ノーベル化学賞を受賞された吉野《よしの》彰《あきら》さんがご自身で受賞対象の解説をされる講演と重なったんですよ。そのとき吉野さんがおっしゃっていました。これから地球環境を考えれば、ノーベル化学賞とノーベル平和賞を同時に受賞するような研究が出てくるだろうと。

――名言！

●海外で受け入れられる禅

――雲水さんの修行生活を描いた漫画や、実際の修行僧の体験記などを読むと、厳しい修行中にこっそりお寺を抜け出しておいしいものを食べるなどの場面が出てくるけど、そういうことは実際にあるの？

そこはノーコメントで（笑）。日本では「一年間踏ん張らないと住職になれないから」と資格のために修行している人もいるので、そのようなこともあるかもしれません。海外では資格など何の関係もなく、純粋に禅に魅《ひ》かれて坐っている人がたくさんいます。イタリア、フランス、アメリカ……みんなで一緒に足を組み坐ることが自分にとってもっとも心安らかだからやっているのです。

前にもふれたイタリアの普伝寺《ふでんじ》へは、私もインターナショナルセミナーというかたちで呼ばれて二度訪ねました。緑に囲まれた温泉町《テルマエ》に隣接する山の上に築かれていて、石庭があり、講堂は赤瓦、新しいドミトリーに長老格が住んでいる。そこでは日本と同じ修行が行われているのですが、人を縛りつけるような雰囲気は、まったくありません。自発的、主体的に修行が行われている印象です。

海外の寺院に行くときは英語で『正法眼蔵』などの講義をしなければいけないので、準備がほんとうに大変なんです。だからいつも、「次は絶対に受けないぞ」と心に決めるのですが、行ってみると、とても居心地がよい。だからまた引き受けてしまうんです。

その修行形式は日本とほぼ同じ。修行僧は街に托鉢にも出ますが、商店のみで個人宅へは行きません。危険もあり、最初のうちは僧だけで行かず、警官についてきてもらっていたとのことです。今では、街に定着したので警官はついてきません。

――ヨーロッパで禅人口は増えている?

そうでもないです、強い勧誘もしていませんし。布教の勢いはチベット仏教が顕著《けんちょ》でしょう。でも、禅も少しずつ底辺が広がっている印象です。

ヨーロッパで中心となっているのはフランスですね。一九六七年に渡欧した弟子《でし》丸泰仙《まるたいせん》(一九一四―八二)が、最初にヨーロッパで禅を布教したのがフランスでしたので。曹洞宗ヨーロッパ国際布教総監部という出先《でさき》機関がパリ郊外にあり、ヨーロッパじゅうの禅の指導者階級が集まる研修会も行われます。ベルギー、ハンガリー、スペイン、スイス、イギリス、ドイツ、オランダ、デンマークなどから集まって、坐禅を組んだり講義を聴いたり。

――マインドフルネスから禅に興味をもつ人もいる?

ヨーロッパの禅者たちの中央研修道場となっている、フランスのブロワ近郊にある禅堂尼苑本堂。弟子丸泰仙が建立に携わり、石造りの建物が日本式の木造の伽藍と調和している。

ヨーロッパ各地からフランスに集まった禅の指導者たちの朝のお勤めのようす。曹洞宗大本山永平寺さながらの光景。

中心となっているのは、日本の文化に興味をもち、その具体的な実践として禅に入ってくる方々です。でも近年では、マインドフルネスの影響も無視できなくなっています。マインドフルネスをやってとてもよかった、ではその原点である禅とは何だろう、という動機で坐禅を組みに日本に来る人も増えているそうです。

●日本は世界の禅センター

——世界で禅の本拠地といえば、今や日本？

そうだと思います。漢字の「禅」を「ZEN」と読むのは日本だけで、それが世界共通語になっていますから。達磨さんがインドから来たといっても、禅の思想的展開は、実質は中国以降です。インドの人も瞑想は非常に好きで、ヨーガにも足を組んで坐る修行がありますが、インドに禅宗は存在しません。インドでは仏教自体がヒンドゥーの一部になっています。ヒンドゥーの三つの神「ブラフマー（世界を創造した梵天）、ヴィシュヌ（維持、トリートメントする神）、シヴァ（破壊する神）」のうち、お釈迦さまは世界をほどよく保つためにいろいろな姿を表すヴィシュヌ神の化身の一つとされています。

コラム

ヨーガは「非」仏教の宗教

――坐禅とヨーガとの関係は？

禅とヨーガは、方法論は同じなんです。仏教では「戒《かい》・定《じょう》・慧《え》」といいまして、戒律で心を清めて落ち着け、禅定で体を静め、世界をみる智慧を見つける――という流れです。ヨーガも「戒・定」までは同じですが、そこからは「我」を見る、自分自身のなかにある一切変化しない本質を探し出すというのがヨーガの発想です。

――なんだか宗教みたい。

宗教ですよ。ヨーガ・スートラというお経があります。

――え、体操や健康法じゃなくて？　仏教でもなく……。

非仏教、まったく正反対なんです。ヨーガのインストラクターさんは「最終到達点まではいかない」と説明されていると思います。最終的に求めているのは心と体のさまたげを一切なくして、我（アートマン）を認識すること。そのときには何も感じなくなり、寿命と体温だけになる。そこまでいくと大変でしょう、だから途中でやめているんです。心と体がいちばん調う状況をその前の段階で探している、それがヨーガのさまざまなポーズなんです。

――最後までいったら危ない。

具体的に、どんな状況になるかわかりませんが、たぶん、通っている方々の求めていることとは、かなり違っているのではないでしょうか。

ただ最近は禅でもいろいろなヴァージョンのスキルを試みている人はいます。本来、坐禅の準備は左右揺振《ようしん》、足を組んで体を左右に揺らしてもっともいい位置でスタッと止まる、それだけでいいのですが、道具を用いたり、型にはまらないやり方を実践する指導者が出てきました。坐禅への導入の多様化といったところです。いろいろ意見もあるようですが、ある意味で自由に展開できるのも禅ですから。

——そんな程度のもの⁉

そのようです。だから「禅」の概念もないでしょう。ただベトナムや韓国にはあります。

鈴木大拙（1870–1966）仏教学者・思想家。東京帝大在学中に鎌倉円覚寺の今北洪川や釈宗演に参禅し大拙の号を受けた。1897年渡米、イリノイ州で出版に従事。禅の研究者として『禅と日本文化』『禅思想史研究』『日本的霊性』ほか英文の著作も多く、欧米にも大きな影響を与えた。

韓国ソウルにある東国《トングク》大学校は、公案を用いる看話禅を実践する曹渓宗《チョゲジョン》の大学で駒澤大学とも交流があります。中国にも禅寺はあり禅僧もいますが、思想的な統制がありますから。やはり中心となるのは日本の「ＺＥＮ」だと考えてよいでしょう。なんといっても鈴木大拙（一八七〇―一九六六）と、アメリカに禅の実践を広めた鈴木俊《しゅん》隆《りゅう》（一九〇五―七一）の存在が大きいです。鈴木大拙は思想、文化、哲学としての「禅」をアメリカのプリンストン大学などで講義し、英語で著作を書きました。それが世界

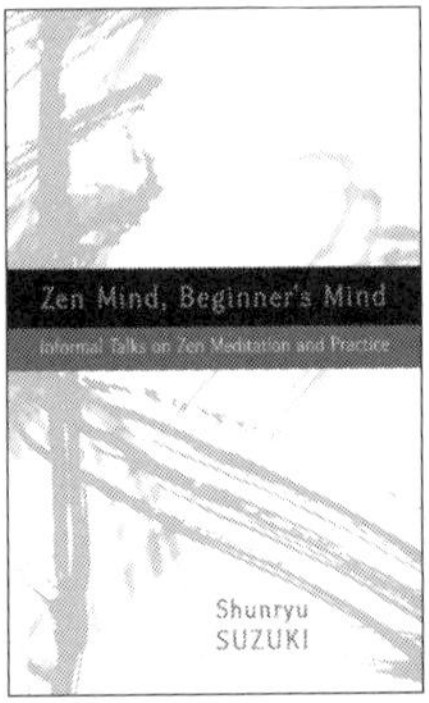

鈴木俊隆（1905-71）曹洞宗の禅僧。アメリカに坐禅の実践を広めた「２人めのスズキ」。『禅マインド　ビギナーズ・マインド』は世界24カ国語に翻訳され、おそらく世界でもっとも読まれている禅書の一つという。

に広まったことは非常に大きいです。海外で禅に興味をもつ人にとって、大拙の『禅と日本文化（Zen and Japanese Culture）』は、まず読むべき書とされています。そこから自分でもやってみたいという人が鈴木俊隆の『禅マインド　ビギナーズ・マインド』を読む、という感じですね。だから「禅」の発音は「チャン」（中国語）でも「ソン」（韓国語）でもない、「ZEN」なのです。

●禅の限界？

――近年は地震や台風など、これでもかと自然災害がやってくるように思えるのだけれど、想像を絶するような人びとの苦しみに、禅としてはどう向き合うの？

禅にとってはいちばん難しい点です。災害は避けようもありません。それを科学の力でなんとかしようというのが今の文明ですが、もう一度、宗教を見直さなくてはいけない時期にきたのだと感じています。禅の場合、もっとも大きな課題はターミナルケア（末期患者への治療や介護）だと思います。「自分を強くもて」としか禅は言えません。でも、それがもてないから苦しんでおられるのです。浄土教のように、「阿弥陀さまが救ってくださいますよ、必ず大丈夫ですよ」と言えれば、そのほうがよほど人は安心できると思います。

――禅の限界？

そうかもしれません。禅はやはり元気な人の宗教かもしれません。でも、それで終わってしまったらだめです。そうであれば、弱ったときに自分自身を保てるための準備をしておくものが禅だ、と考えればいいのではないか。といっても、私も「亡くなるときは端然《たんぜん》と坐って亡くなられるのでしょうか？」と聞かれたことがあります。「いやだ、死にたくない」ともがきながら死んでいくかもしれない。ただ、それも禅だ、と思っています。

――あるがまま？

そう。それもありなのかなと。

——心からそう思えるなら、格好よく死ななくたって悪くないかも。

そういう選択肢もあり、それが自分らしいと思えるなら、いいのではないでしょうか。「お釈迦さまのように」ではなく、「自分だったらどうだろう。きっと私ならこれだな」ということを、自身で真正面から受け入れられるなら、それでいいのではないかということです。結局、最終的には自分の判断というのが禅なのです。

——ちょっと冷たい感じもするけど……。

そんなふうに考え続けていること自体が自己確認であり、悩んでいる自分がいる、ということが禅でいう「自己表現」なのですから。

●禅の未来

考え続けることは自己確認、
悩んでいる自分がいることは自己表現

――グローバル時代とかいうけれど、禅は新しい動きがあるの？

二〇〇六年のシトロエンの新車「C6」は「禅」をテーマにしていました。室内の無駄なラインを廃したシンプルなインテリアで、居住性や快適性を追及した仕上がりだったそうです。そんなふうに「禅の薫《かお》りを漂わせる」ことをもてはやす、禅の「一人歩き」が見られることは否《いな》めません。そういう動きに対しては、日本から情報をしっかり発信していくしかありません。その通りにやれ、というのではないんです。禅ブームゆえに、あらゆるところで禅を使っているでしょう、少したってから「いやぁ、基本を学ばなきゃいけないと思いました」とおっしゃる方がたくさんいるのが実情です。

――にわか禅通が反省する？

基本的な知識はさておいて、「何となくこんなものだろう」という漠然としたイメージ先行型の企画が多いように思います。乾燥シラタキを「禅パスタ」として売り出し、イタリアで大そう受けたといいますから、それを狙うという手もあるのでしょうが。

グルテンフリーが体にいいと海外で人気となった「禅パスタ」は、日本に逆輸入された。

――ヘルシー志向？

そう、グルテンフリーと銘打って。それが海外でウケたので、今度は「おしゃれだ」ということで逆輸入され日本でも「禅パスタ」で売られています。根底に精進料理からくるヘルシー、ダイエットのイメージ。またコンパクトで直感的に使いやすい、ようするに「頓悟」の連想ですね。健康食品は値段を高くすると売れるともいわれますし、そういうノリがあるのは確かです。

――そこが禅に関する今いちばんの心配？

文化が違いますから、ある程度は仕方ないと考えています。お互いさまで、日本も中国から禅がやってきたときに日本的に変容させましたから。だから何が何でも日本のものに戻さなくてはいけないというのではなく、日本人であるからには少しは基本を説明ぐらいしておこうよと。禅を日本のものとして発信するにしても、地に足がついていないといけません。つまり、ちゃんとした説明ができることが大事だと思っています。

――経典を持たず、生活全般が修行、生産活動をする、など、それまでの常識を破る改革をいとわなかった禅の、これから考えうるイノベーションって？

もういちど曹洞宗や臨済宗などの宗派を超えた、一つの「禅」というものが再構築されたら面白いかな。儀礼は個々にあっていいのですが、統合的な禅ですね。臨済宗と曹洞宗の縦割りなど、欧米に出ればまったく関係ないわけですし、じつはすでに世界でそういう動きはあるのです。私が訪れる海外の寺はガチガチの曹洞宗なのに、そこで修行する人に曹洞宗の意識があるかといえば、ない。ドイツのアイゼンブッフにある曹洞宗の普門寺《ふもんじ》に住み込んで修行をしていた人が、アメリカの臨済宗のボディマンダ禅センターに移ったので、「宗派を変えたの？」と聞いたら「何それ？　禅は禅でしょ」との答えでした。

――なんだか新鮮。外に気づかせてもらう感じ。

これからは「セクト意識」などかなぐり捨てたほうがいいんじゃないか。空手がオリンピック種目になりましたが、細かい派がたくさんあってルールも異なっていたのが、ようやく「空手は空手」となったわけでしょう。日本の禅寺も江戸時代に縦割り構造ができるまではみんな一緒だったのですから。

――禅の今後の展望は？

くり返しになりますが、柱として出家修行、つまりある程度、場所と期間を定めた修行をしっかりと保ちながら、考え方はものすごく柔軟でポジティブですので、それを変化し続ける社会に対応しながら発信していく、ということになると思います。

――興味をもつ人はあまねく受け入れながら？

そうですね。僧は修行が外せませんが、お坊さんになるわけではない一般の方が禅に親しむならば、まず参禅でしょう。それにはいろいろなやり方があって、自分に合ったかたちを模索していいと思います。本で禅問答を読んで満足できる人は、それでいいのかもしれません。やはり足を組んで坐らないと、という人はそうしたほうがいい。どれくらい坐るかも、やってみて決めればいい。公案で悟らなければ、という方向もあると思います。ただ「独りよがりだけはやめましょう」というところを私としては強調したいです。

――実際に坐らないと、本で学ぶだけじゃ物足りない気も……。

じつは達磨さんの時代から、両方が必要だと言われています。「行解相応《ぎょうげそうおう》」といい、実践と、その実践をなぜするのかという理解の両方が備わっていて初めて禅の祖師なのだと。禅は実践的な面が強調されがちですよね、作務衣《さむえ》を着て掃除をしたり坐禅を組んだり。それはじつは、江戸時代以降の宗派としての組織化の過程で形づくられたイメージであって、道元さんも具体的実践とその根拠の理論的理解の両方がないとダメだと言っています。理論的理解があって人は納得できますから。

最近はとくに、情報がすばやく行きわたるようになり、一層それが求められている時代だと思うのです。わからないことがありがたい、という感覚がどんどん薄れてきています。そういう世界がないわけではないのですが、少なくとも、今はその傾向は薄れている。だからこそ、しっかりと説明できることが大切なのです。特に海外に向けては。

実践と理解の両方が必要

——禅って、知れば知るほど何とでも言えるというか、次々に疑問がわいてくる気もして、それを自分で考えろというのもやっぱり禅なんだね。

何度も咀嚼《そしゃく》しているうちに見えてくるものもある。運動や仕事でもそうでしょう、いくら身体能力がある人も、何度もやらないと何事もうまくいきません。最初は手取り足取りかもしれませんが、ある程度から先は自分に合わせてやっていく。ちょっとした迷いは人から指摘してもらうことによって飛躍したりする。そういう人間関係はどのような分野も同じだと思うんです。

学ぶという面でいえば、大学では体系化する役目をいちばんに担っています。カリキュラムを組んで教えられる場は他にはありません。順番にしっかりと歴史や思想の展開を教え、坐禅も作法をしっかり教える。そこまで築き上げて、じゃあ一人一人がどうしますか、ということです。

——そっか……。悩んで工夫して、いつか自分の表現を見つけたいと思います。

おわりに

最後までお読みいただきありがとうございました。

いろいろな角度から、「禅とは何か」についてお答えしてきましたが、いかがでしたでしょうか。ぼんやりとしていたイメージが、少しでも明確になったということであれば、とても幸せです。でも、やっぱりよくわからない、あるいは、頭の中のクエスチョンマークが余計に増えてしまった、という方もおられると思います。

禅がわかりにくいのは、まさに「禅問答」のように、模範《もはん》回答のない、つかみどころがないことが特徴でもあるからです。

でも、その根底に一貫した考え方はあります。それは、自分のすばらしさを信じること、そして同じように自分の周囲のすばらしさを認識することです。では、なぜそれがわかりにくくなってしまうのでしょうか。月並《つきなみ》な表現ですが、「自分とはどのような存在か」を見つめようとするとき、やはり「自分をいちばん理解できないのが自分」ということがあるから。その把握しにくい「自分」を、さらに個人個人が独自の方法で模索《もさく》し、表現してきたので、オプションがとても多くなってしまっているからなのです。ようするに、表現が多様すぎて訳《わけ》がわからなくなってしまっている、ということですね。

自分のことは自分で理解するしかない。それを示していこうということですので、歴史上の禅の指導者は、ある意味とても不親切です。もちろん、この本は、それにならうことなく、できるかぎり丁寧《ていねい》に、「模範的解釈」を示したつもりです。しかしやはり、根底では「最後は自分で判断すること」が要求されてしまう、それがやはり禅なのです。

そもそも禅は、その展開の歴史の中で、常に「これこそが禅だ」と定義することを拒《こば》んできました。中国唐代には、馬祖《ばそ》さんが「日常生活全体が禅だ」「喜怒哀楽《きどあいらく》の心こそが仏だ」と言い、一方で、同時代の石頭《せきとう》さんが「俗世から離れた坐禅でこそ本来の自己を見出せる」と言いました。では、どちらが「正統」かといえば、どちらも正しい。両方を学んで、どちらが自分に合っているのか、自分で判断して行くべき道を見つけていきなさい、ということなのです。

その教えを受け継ぐ者たちも、個別に独自の自己表現を模索したのです。粗末《そまつ》な牛小屋を坐禅堂に改装してガチガチに坐禅に徹する人もいれば、布袋和尚《ほていおしょう》（？―九一七）のように、布袋《ぬのぶくろ》ひとつを背負って行脚《あんぎゃ》を続ける人もいました。

この方向性は、日本の禅者にも受け継がれました。禅僧といわれる人びとは、基本的に道場において坐禅を中心とした厳しい修行を行っていました。でも、それにとどまることなく、修行で獲得した精神性や、中国伝来の最新の技術や知識をもって日本各地に展開し、井戸を掘ったり病気を治したり、あるいは物の怪《もののけ》をやっつけたり、いろいろな社会活動を行うことにより地域に浸透していったのです。

このような禅僧の活動が定着していったのは、永平寺や妙心寺などの道場において積んだ厳しい修行による人びとの信頼があったからこそでした。この「精神」と「実践」とのマッチングこそが、現代にも活《い》きる禅の特性となっているのです。

さて、禅の思想と実践の基本について、すでに何度もふれたところですが、もう一度まとめてみることにしましょう。

まず、根底にあるのは自分自身の存在を最大限に肯定《こうてい》すること。「仏」として完成された自己を認識すること。ただし、それが独りよがりにならないために、必ず他者の証明を必要とする。それは同時に、道を誤《あやま》らないように心を通わせる仲間とともに進むことにもなります。

そしてその原則をしっかり理解した上で行動する。この理解と実践の双方《そうほう》が備《そな》わっていることも、歩みを誤らない大きな要素だというのです。

自分を徹底的に肯定することは、意外に難しいことです。まず、現実として実感することが難しいですし、むやみに主張すれば周囲との軋轢《あつれき》を生じます。では、どのようにそれを実感し、表現していけばよいのでしょうか。これについて道元禅師は、「自分には足らない部分があると認識し続けることが正確な自己把握であり、それが悟り（完成態）である」と言っています。さらに「それは、自分の周りのものすべてが教えてくれる、そこに耳を傾けなさい」とも言います。つまり、自己の完成とは、常に周囲から情報を収集し、そのなかで未熟な自分を成長させようと意識し続けることであるというのです。

つねに休むことなく歩み続けなければいけないというのはちょっと厳しいですが、達成目標などないのだと考えると、だいぶ気が楽になりませんか？　じつは、この形の自己把握が、マインドフルネスと呼ばれる心理療法に取り入れられているのです。

これは企業経営などの世間的な営みにも役立てられています。アップルをはじめとした企業で採用されている禅的思考は、完成形（悟り）を目指すのではなく、常に変化する社会的受容に対応しうる柔軟性《じゅうなんせい》をもつことが重視されているように見えます。

世界は常に変化しています。その変化を無視して、自分だけが不変で安定した存在となることはできません。だとしたら、「安定した自己」とは何か。逆説的ですが、「安定した自己」とは、変化する世界のなかにあって、常に「安定的に」変化し続けることにほかなりません。

禅は、「いま」を見つめるおしえです。その「いま」とは、固定的なものではなく、常に流動している「いま」なのです。その変動のなかで、いまの自分がどうあるかを常に見つめ続けること、言い換えれば常に自分を見直し続けることが禅の基本ということになります。

ですから、いま、この本を読んでわからなかったところがあっても、まったく問題ありません。これからまた、時を経《へ》て読んでいただくと、そこに新たな気づきがあるはずです。あるいはわかったと思ったところから、また違った感触を得ることもあるでしょう。まさにそれが変化への対応であり、成長なのです。そのように考え、禅と向き合っていただければと思います。

なんだか最後まで禅問答のようになって申し訳ありません。こんな私のとりとめのない解説を、丹念にわかりやすくまとめてくださった平凡社の山本明子さんに、こころより感謝申し上げてむすびといたします。

令和二年立春の日　石井清純　記

石井清純《いしいきよずみ》

1958年、東京生まれ。駒澤大学仏教学部卒業、同大学院博士後期課程満期退学。現在、駒澤大学仏教学部教授、禅研究所所長。石井姓は多いため、学生には僧侶名で「せいじゅん先生」と呼ばせている。2009〜12年に駒澤大学学長、2000年にはスタンフォード大学客員研究員を務めた。専門は禅思想研究。また、禅学研究の国際交流も積極的に行っている。著書に『禅問答入門』(角川選書)、『禅と林檎——スティーブ・ジョブズという生き方』(監修、宮帯出版社)、『構築された仏教思想 道元——仏であるがゆえに坐す』(佼成出版社)ほかがある。

中学生の質問箱

禅ってなんだろう？

あなたと知りたい身心を調《ととの》えるおしえ

発行日　2020年3月18日　初版第1刷

著　者　石井清純

発行者　下中美都

発行所　株式会社平凡社

〒101-0051 東京都千代田区神田神保町3-29

電話　03-3230-6583(編集)

03-3230-6573(営業)

振替　00180-0-29639

平凡社ホームページ https://www.heibonsha.co.jp/

装幀＋本文デザイン　坂川事務所

イラスト　斉藤美奈

DTP　平凡社制作

印刷・製本　中央精版印刷株式会社

ISBN978-4-582-83834-3

NDC分類番号188.8　四六判(18.8cm)　総ページ224